Nr. 28

Harald Voigt   Der Sylter Weg ins Dritte Reich

Harald Voigt, geboren 1928 in Glückstadt, Kreis Steinburg, Dr. phil., bis 1973 Lehrer für Geschichte und Deutsch am Gymnasium Sylt in Westerland; seit 1973 an der Kooperativen Gesamtschule in Elmshorn; seit 1973 Vorsitzender der Historischen Arbeitsgruppe am Nordfriesischen Institut (Nordfriisk Instituut) Bredstedt.

Publikationen: *Die Einwanderung des holsteinischen Adels in das Herzogtum Schleswig und Königreich Dänemark bis zum Jahre 1375,* Zeitschrift der Gesellschaft für Schleswig-Holsteinische Geschichte, Band 82, 1958; *Geschichte der Insel Sylt* im Band »Sylt, Geschichte und Gestalt einer Insel«, Verlag Hansen & Hansen, Itzehoe (heute: Münsterdorf) 1967; *Die Ausübung des Strandrechts auf Sylt 1918 bis 1939* als Spiegelbild der wirtschaftlichen Verhältnisse, Nordfriesisches Jahrbuch, Neue Folge, Band 11, Bredstedt 1977; *Die Toten des Sylter Strandes – Poesie und Wirklichkeit,* Ein Beitrag zur Geschichte des Bestattungswesens der Strandleichen, Friesisches Jahrbuch, Neue Folge, Band 12, Leeuwarden 1976; *Verklarungsprotokolle als Quelle regionalgeschichtlicher Forschung,* Nordfriesisches Jahrbuch, Neue Folge, Band 13, Bredstedt 1977; sowie weitere Studien zur Regionalgeschichte.

Harald Voigt
*Der Sylter Weg ins
Dritte Reich*

Die Geschichte der Insel Sylt vom Ende des Ersten Weltkriegs bis zu den Anfängen der nationalsozialistischen Diktatur
Eine Fallstudie

Verlag Hansen & Hansen, Münsterdorf

Die 27 Abbildungen (2 auf dem Einband, 25 im Textteil) geben ausschließlich zeitgenössische Vorlagen aus dem Sylter Archiv in Westerland wieder; sie begleiten als Bilddokumente die Untersuchung, ohne in jedem konkreten Fall direkte Illustrationen des Textes zu sein

© 1977 by Hansen & Hansen, Münsterdorf
Lektorat und Gestaltung: Hans Rudolf Hilty, Zollikerberg bei Zürich
Karten (Seiten 138 und 139): Lutz Orlowski, Kiel
Gesamtherstellung: Clausen & Bosse, Leck
ISBN 3-87980-230-0

Inhalt

Vorwort · 7

Für Kaiser, Gott und Vaterland · 11

Die Aufreizung einer nationalen Entscheidung · 17

»Ruhig inmitten der Wogen · 19
»Das ist eure Schuld, ihr Lauen« · 22
Die Stunde der Nordmarkfahrer · 27
»Seid Christen, seid Deutsche!« · 33
Kein »Wunder der Rentenmark« · 35
Der Reichspräsident als Pate · 38

Die gewaltsame Lösung politischer Gegensätze · 41

Sieg für »Heimat und Wirtschaft« · 43
»Die Lage ist trostlos« · 45
Hakenkreuze auf der Insel · 50
Der »uneigennützige, bescheidene, aufrechte« A. H. · 52
»Die Parteien am Ende – Hitler am Anfang« · 54
»In musterhafter Ordnung und Disziplin« · 57
Mit Knüppeln, Zaunlatten und Reitpeitschen · 61
Die Inselhaltung wird »enthemmt« · 65
Lieber Hitler als Hindenburg · 74
»Heil Hitler!« gegen »Rotfront!« – »Hunger! Arbeit!« · 79

»Dieselbe Gleichschaltung wie im Reich und in Preußen« · 83

Mit gezinkten Karten in das Rathaus und den Kreistag · 85
Die Arroganz des neuen Regimes · 90
Jagd auf politische Gegner · 96
Die totale Gleichschaltung · 101
Im »Sinne des neuen Gemeinschaftsgeists« · 104
»Juden unerwünscht« · 107
Ehren-Sylter Göring · 109

NS-Diktatur und friesisches Freiheitsbewußtsein · 113

Anhang · 119

Bibliographie	120
Anmerkungen	122
Karten	138
Zeittafeln	140
Bevölkerungsstatistik	143
Die Parteien der Weimarer Republik	145
Reichspräsidentenwahlen	146
Reichstagswahlen	148
Wahlen im Entscheidungsjahr 1933	153
Radikalenkontrolle nach Weimarer Art	155

Vorwort

Wie war es denn damals? Wie konnte es so kommen? Warum war dem Nationalsozialismus so leicht der Sieg möglich? Es ist vor allem die jüngere Generation, die heute so fragt und auf diesen Fragen insistiert, die Generation also, die keine eigenen Erinnerungen an die erste Hälfte unseres Jahrhunderts mehr hat. Ihr dürfen wir die Antworten auf diese Fragen nicht schuldig bleiben.

So war die Auswertung des Quellenmaterials über die Wahlergebnisse in der Weimarer Republik, das ich für den Geschichtsunterricht am Sylter Gymnasium in Westerland zusammenstellte, ein wichtiger Impuls für die Ausarbeitung dieser Studie. Aus dem Quellenmaterial war nämlich abzulesen, daß die Friesen des Kreises Südtondern in überdurchschnittlichem Maß und teilweise schon früh für die NSDAP stimmten. Dieses Votum für die totalitäre Diktatur war nicht in Einklang zu bringen mit der gängigen Ansicht, das Freiheitsbewußtsein sei ein wesentliches Kennzeichen friesischer Menschen. Der Widerspruch zwischen dem immer wieder zitierten Leitspruch der Friesen »Lewer duar üs Slaav!« (»Lieber tot als Sklave!«) und dieser Entscheidung auf politischer Ebene sprang in die Augen. Er war für mich ein entscheidender Anlaß, die greifbaren Unterlagen der Epoche zwischen den beiden Weltkriegen aufzuarbeiten, um so eine sachliche Erklärung dieses Phänomens zu bekommen. – Und als vor einigen Jahren die Bitte an mich herangetragen wurde, einen Abriß der Geschichte Sylts zu schreiben, stellte ich fest, daß es zwar zahlreiche Einzelabhandlungen über Epochen und Episoden der Vergangenheit der Insel gab, daß indessen über die Entwicklung Sylts in neuester Zeit – besonders über die Jahrzehnte seit dem Ersten Weltkrieg – so gut wie nichts erschienen war[1]. Auch diese Erkenntnis war ein Anstoße zur vorliegenden Arbeit.

Doch abgesehen von solchen persönlichen Motivationen halte ich es allgemein für notwendig, daß die regionalgeschichtliche Forschung nicht nur antiquierte Themen behandelt, sondern sich mit den politischen, wirtschaftlichen und sozialen Problemen der neuesten Zeit wissenschaftlich beschäftigt. Der Katalog der weit in der Vergangenheit liegenden Themen, nicht selten mit Verklärung und Schwärmerei gepaart, hat der Geschichte des engeren Raumes einen musealen Ruf eingebracht[2]. Löst man sie aus der irrationalen und rückwärts gewandten Verbannung, so kann sie in hervorragendem Maße dazu dienen, die historischen Entwicklungen des größeren Raumes zu konkretisieren, indem sie die menschlichen Verhaltensweisen im engeren Bereich der eigenen Region sichtbar macht. Zu diesem Anliegen soll diese Publikation einen kleinen Beitrag leisten.

Die Hauptquelle der Untersuchung bildet die *Sylter Zeitung*, die für den behandelten Zeitraum lückenlos im Sylter Archiv vorhanden ist. Wegen des hohen Stellenwertes, den sie innerhalb der vorliegenden Arbeit einnimmt, muß sie kurz charakterisiert werden. Es war ein typisches Heimatblatt, dessen Grundeinstellung mit den Begriffen »deutsch-national« und »konservativ« umschrieben werden kann; es ist sicherlich kein Zufall, daß der Herausgeber – bezogen auf die politischen Verhältnisse der Insel – sehr früh (wahrscheinlich 1932) der NSDAP beitrat und sich aktiv in der Partei betätigte. Die auflagenschwache Zeitung, die außerdem noch ab 1924 auf der Insel Konkurrenz bekam, mußte auf Anzeigenkunden wie auf Abonnenten Rücksicht nehmen, so daß ihre innere Freiheit stark eingeengt war.

Die zweite auf Sylt erscheinende Zeitung, die *Sylter Nachrichten*, konnte nur gelegentlich als Quelle ausgewertet werden, da sie lediglich in Einzelexemplaren im Sylter Archiv vorhanden ist. Daneben konnten einige Akten der politischen Polizei aus den Jahren 1932 bis 1934, verschiedene Protokollbücher der Gemeindevertretungen und einiger Vereine als Material herangezogen werden.

Auf der Suche nach weiteren Unterlagen über den Nationalsozialismus auf Sylt mußte ich aufgrund einer Umfrage bei damaligen Funktionsträgern feststellen, daß sämtliche Akten kurz vor dem Einmarsch der britischen Besatzungstruppen im Jahre 1945 auf Befehl der Gauleitung verbrannt wurden. Auch scheinen die schriftlichen Aufzeichnungen in der Anfangszeit der NS-Bewegung auf Sylt nicht sorgfältig gemacht worden zu sein. 1935 mußte der SA-Führer feststellen, daß »über die ersten Anfänge der SA auf der Insel die vorhandenen Unterlagen ziemlich lückenhaft« waren, »weil es damals mehr und Wichtigeres zu tun gab, als Listen, Daten und Ereignisse schriftlich für die kommende Zeit festzuhalten«[3].

Auch eine Nachfrage im Bundesarchiv in Koblenz verlief ergebnislos. Nach Aussage dieses Instituts liegen »über den Verbleib des Schriftgutes der Gauleitung Schleswig-Holstein und insbesondere der Kreisleitung Südtondern im Bundesarchiv keine Nachrichten vor«[4]. Lediglich im Landesarchiv Schleswig fand ich einiges Material, das sich auf politische Vorgänge in der Zeit der Weimarer Republik bezog, die auch Sylt betrafen.

Auf eine mündliche Überlieferung durch Zeitgenossen dieser Epoche habe ich verzichtet, weil ich bei einigen Versuchen die Erfahrung machen mußte, daß entweder das Gedächtnis versagte oder die historische Wirklichkeit sich in Erlebnissen widerspiegelte, die für die Arbeit nicht verwendbar waren. Manche hatten auch eine gewisse Scheu, über ihre politische Vergangenheit zu sprechen; andere versuchten, sich für ihre damalige politische Entscheidung zu rechtfertigen. Ebenso habe ich bewußt darauf verzichtet, die Funktionsträger der Sylter NS-Herrschaft namentlich zu erwähnen. Es kam mir nur darauf an, die politischen, wirtschaftlichen und gesellschaftlichen Voraussetzungen aufzuzeigen, die zu dieser Entwicklung führten. Die Arbeit hat ihren Schwerpunkt auf Sylt. Doch zuweilen habe ich benachbarte Gebiete zu Vergleichszwecken in die Untersuchung mit einbezogen, wenn es das Quellenmaterial zuließ.

Die Untersuchung setzt mit dem Ende des Ersten Weltkrieges ein, weil viele Erscheinungen der späteren Jahre nur in diesem weitern zeitlichen Rahmen geklärt werden können. Sie endet im wesentlichen 1933/34, nicht nur weil die Quellen spärlicher werden, sondern auch darum, weil von dieser Zeitmarke an die politische Geschichte der Insel Sylt als Folge der totalitären Diktatur keine regionale Sonderentwicklung mehr durchmacht und in die allgemeine Geschichte des Reiches einmündet. Lediglich die nationalsozialistische Wirtschaftspolitik, die in der Form militärischer Bauten ihre bleibenden Spuren in der Sylter Landschaft hinterlassen hat, und die damit verbundene Einwanderungswelle, die das Bevölkerungsbild stark veränderte, gehen über den gesetzten Zeitrahmen hinaus.

Ich möchte allen danken, die zum Gelingen dieser Arbeit beigetragen haben. Besonderes Interesse und Entgegenkommen fand ich beim Leiter des Sylter Archivs in Westerland, Viktor Bender, der mich mit viel Geduld bei der Suche nach den Quellen unterstützt hat. Mein Dank gilt auch Frau Meta Ingwers, Munkmarsch, mit der ich manches klärende Gespräch geführt habe, sowie Hans Rudolf Hilty, Zollikerberg bei Zürich, der mir gerade wegen seiner Distanz zum Ort des Geschehens manchen Denkanstoß für die Untersuchung gab. Mein Dank gilt ebenso dem Nordfriesischen Institut in Bredstedt und seinen Lektoren Rainer K. Hollander und Tams Jörgensen und nicht zuletzt dem Verlag Hansen & Hansen für die harmonische Zusammenarbeit bei der Publikation dieser Schrift.

Westerland (Sylt) und Elmshorn, Ende 1975 *H. V.*

Auf den Seiten 12, 18, 42, 84 und 114 werden charakteristische Strophen aus dem Gedicht »Nordmark« von Wilhelm Lobsien wiedergegeben (aus dem Bändchen »Nordmark«, »Gruß des Dichters an die Nordmarkfahrer zur Abstimmung 1920«; siehe Seiten 27 und 28 der vorliegenden Studie) und als Kontrapunkt dazu das Gedicht »Das dritte Reich« von Kurt Tucholsky, 1930 in der »Weltbühne« publiziert und jetzt enthalten in den »Gesammelten Werken« (Rowohlt, Reinbek bei Hamburg)

Voraussetzungen: bis 1918

Für Kaiser,
Gott und Vaterland

Wilhelm Lobsien: Nordmark (1920), dritte Strophe

O Nordmarkheimat! In deiner dunkelsten Nacht
Reichen wir dir durch Sturm und Not unsre Hände,
Wir, deine Söhne und Töchter, die einst deine Sonne gewärmt.
Unsre Väter haben für deine Freiheit gekämpft.
Ihr heiliges Blut rauscht wie heilige Adern durchs Land,
Ihr heiliges Blut durch unser heiliges Land,
Aus dem wir gewachsen. Das hält uns auf ewig gebannt.
Und mögen sie Berge herniederstürzen,
Die heiligen Ströme rauschen vom Aufgang zum Niedergang.

Kurt Tucholsky: Das dritte Reich (1930), erste Strophe

Es braucht ein hohes Ideal
der nationale Mann
daran er morgens allemal
ein wenig turnen kann.
    Da hat denn deutsche Manneskraft
    in segensreichen Stunden
    als neueste Errungenschaft
    ein Ideal erfunden:
Es soll nicht sein das erste Reich,
es soll nicht sein das zweite Reich ...
    Das dritte Reich?
    Bitte sehr! Bitte gleich!

Bevor wir uns in das politische Geschehen vom Jahre 1918 an einblenden, müssen die gesellschaftlichen Verhältnisse auf der Insel Sylt zu Beginn des 20. Jahrhunderts kurz skizziert werden. Vor diesem Hintergrund können die in der folgenden Untersuchung beschriebenen Ereignisse und Verhaltensweisen besser interpretiert werden. Um die Jahrhundertwende gab es auf Sylt neben den Friesen eine dänische und eine aus allen Teilen des Kaiserreiches stammende deutsche Bevölkerungsgruppe. Sowohl die Einwanderung der Dänen wie auch die der Deutschen erfolgte aus wirtschaftlichen Gründen, deren historischer Umkreis kurz dargestellt werden soll.

Das »Goldene Zeitalter«, wie der Sylter Chronist C. P. Hansen (1803– 1879) die Epoche von 1775 bis 1807 bezeichnet, als die Sylter »als glückliche Handelsschiffer auf allen Meeren der Welt« fuhren, brachte nicht nur einen gewissen Wohlstand; es veränderte auch die Lebensweise: »Der Sylter ... welterfahrene Seemann ... sah die Arbeit mehr als Mittel zum Erwerbe an, und ruhete durchgängig aus, sobald er sein Schifflein ins Trockene gebracht hatte; ließ sogar durchgängig das häusliche Commando, welches seine Gattin während seiner Seereisen geführt hatte, derselben nach seiner Heimkehr gerne behalten, wenn man ihm nur seine Pfeife und seinen Tobak gönnete. Nahm er nach seiner Heimkehr an häuslichen oder landwirthschaftlichen Arbeiten oder an der Küstenfischerei Theil, so that er das mehr des Zeitvertreibes wegen, als aus wirklicher Lust oder aus Nothwendigkeit.«[1]

Die Folge dieses gestörten Verhältnisses zur häuslichen Arbeit war die Einwanderung der Dänen. Zahlreiche Leute aus dem Norden – von Röm (Rømø), Fanø, Jütland und aus dem nördlichen Teil Schleswigs – kamen nach Sylt und fanden hier als Tagelöhner, Fuhrleute und Handwerker Arbeit. So gehörten 1827 von 616 Hausbesitzern auf der Insel 127 dem Kreis der dänischen Einwanderer an. Nach dem Urteil C. P. Hansens sollen sie an Fleiß, Anstelligkeit und Sparsamkeit den Sylter Friesen überlegen gewesen sein, doch hielt er »in geistiger Hinsicht die eigentlichen Sylter für mehr begabt, für lebhafter und energischer als jene dort sich ansiedelnden Dänen«[2]. Ob diese pauschale Behauptung den Tatsachen entspricht, läßt sich nicht beweisen, da weder Intelligenz- noch Verhaltenstests aus dieser Zeit vorliegen.

Eine neue Einwanderungswelle brachte der *Fremdenverkehr* mit sich. Mit seinem Aufblühen strömten gegen Ende des 19. Jahrhunderts eine große Zahl Menschen aus allen Gebieten Deutschlands vor allem nach Westerland, in geringerem Maße aber auch nach Wenningstedt und Keitum ein. Als Hotelbesitzer, Geschäftsleute, Gastronomen, Handwerker und Dienstpersonal ließen sie sich in diesen Orten nieder. Das Ausmaß dieser Einwanderung spiegelt sich in der Statistik wider. So hatte Westerland im Jahre 1840 erst 418 Einwohner, und aus einer im Jahr 1827 durchgeführten Zählung ergibt sich, daß der Ort damals nur 111 Wohnhäuser besaß. 1905 war die Bevölkerung Westerlands indessen auf 2292 Personen angewachsen, die in 432 Häusern wohnten[3]. Rein äußerlich ist dieser neue Personenkreis an den Namen erkennbar, die in den Zeitungen und Akten zu dieser Zeit auftauchten, wie zum Beispiel Scherer, Heising, Pollacek, Greiner und Katzenstein. Daß unter ihnen auch Spekulanten und Glücksritter waren, die durch die Konjunktur angelockt wurden, beweist die verhältnismäßig hohe Zahl von Konkursen, Zwangsversteigerungen und Vergleichen.

Beim Ausmaß dieser Einwanderung ist es nicht verwunderlich, daß sich die Friesen in ihrer Eigenart bedroht fühlten. Zwar konnten sie noch vor allem in den Ostdörfern ihre Sprache und Lebensweise weitgehend bewahren, aber sie sahen auch die künftigen Schwierigkeiten für ihre Eigenart. Vielleicht werden sich auch damals einige Friesen darüber Gedanken gemacht haben, daß es Stammesgenossen waren, die durch Grundstücksverkäufe an die Zuzüger die Voraussetzung der beklagten »Überfremdung« geschaffen haben.

Parallel zu dieser Einwanderung und zweifellos durch diesen Personenkreis wesentlich getragen, entstand ein deutsches Nationalgefühl, das sich nicht nur im Militärverein, im Sylter Kriegerverein und im Patriotischen Frauenverein personell konkretisierte, sondern auch durch Kaisergeburtstags- und Sedanfeiern ganz neue Akzente in den Jahreslauf setzte. Dieser Obrigkeitskult beschränkte sich nicht nur auf Westerland und Keitum; selbst in dem abgelegenen Ort List wurde der Geburtstag des deutschen Kaisers gebührend gefeiert, wie der folgende Artikel des Sylter Intelligenz-Blattes vom 3. Februar 1900 beweist: »Kaisers Geburtstag ist auch hier auf List wieder gefeiert worden, wie schon so manches Mal. Tagsüber wehten deutsche, preußische und schleswig-holsteinische Fahnen sowohl bei Regierungsgebäuden wie bei Privathäusern und auf Schiffen. Am Festessen des Abends nahmen 21 Personen theil, ein Beweis, daß auch hier auf den eisigen Gefilden beim Nordpol Sylts die liebliche Blume ›Liebe zum Vaterland, zu Kaiser und Reich‹ in herrlicher Blüthe steht. Die Stimmung war eine fröhliche. Wie kann es denn auch anders sein an einem solchen Tage, wo man alles andere vergißt und nur daran denkt, was noch der treue Gott uns für ein herrliches, starkes deutsches Reich wieder geschenkt hat, trotz all der finsteren Mächte, die sich dem widersetzen – und das in so kurzer Zeit, was und wie es wohl kein Deutscher zu hoffen gewagt hat vor vierzig Jahren.«

Deutschere Worte hätte man selbst in Berlin nicht finden können! Das Beispiel zeigt, wie sehr das politische Bewußtsein eines Teils der Sylter Bevölkerung identisch geworden war mit dem im Reich. Es besteht kein Zweifel, daß große Teile der Sylter Friesen sich diesem Bewußtsein angeschlossen haben, obwohl zunächst fast alle darüber enttäuscht und

verbittert waren, daß nach dem Krieg von 1864 Preußen sich Schleswig einverleibt hatte. Durch seine uniformierte Verwaltung, die Abschaffung der Selbstverwaltung und die streng ausgeübte Militärdienstpflicht hatte Preußen nicht nur die Abneigung der Friesen bewirkt; es hatte auch nicht wenige veranlaßt, vor allem nach Amerika auszuwandern. Hier wäre die Gelegenheit gewesen, das Schlagwort »Lewer duar üs Slaav!« in der Praxis ernst zu nehmen; aber die Vokabeln »Kaiser, Gott und Vaterland« erwiesen sich stärker als der »Spruch der Nordfriesen, deren starker Unabhängigkeitssinn darin in eindringlicher Weise zum Ausdruck kommt«, wie Rudolf Bülck es in seiner Untersuchung über dies politische Schlagwort formuliert[4].

Der Interpretation Bülcks können wir aufgrund der dargestellten Fakten nicht zustimmen. Dieses Schlagwort und das in ihm artikulierte Bewußtsein haben die Bewährungsprobe schon im 19. Jahrhundert nicht mehr bestanden. Das soll nicht bedeuten, daß alle Sylter Friesen sich dieser national-deutschen Bewußtseinshaltung angeschlossen haben; doch die »reservatio mentalis«, die innere Emigration, die nicht öffentlich formuliert wird, und das Zähneknirschen der Unzufriedenheit lassen sich nicht wissenschaftlich interpretieren.

Einem besonders starken Druck war der dänische Bevölkerungsteil der Insel ausgesetzt. Den Militärpflichtigen dieser Gruppe wurde zum Beispiel die sofortige Ausweisung angedroht, wenn sie sich nicht den Terminen der preußischen Aushebungsbehörde stellten. Bei dieser Rechtsstellung war es nicht verwunderlich, daß die dänisch orientierten Bewohner nicht öffentlich hervortraten. Erst die Abstimmung von 1920 gab ihnen – wenn auch unter großen Schwierigkeiten – die Möglichkeit, ihr Bekenntnis zur dänischen Nation abzulegen.

Die Juden spielten auf der Insel keine Rolle. Die Statistik von 1905 weist nur drei jüdische Mitbürger in Westerland auf; diese Zahl blieb bis 1933 konstant.

Damit haben wir die wichtigsten Voraussetzungen in den Grundzügen aufgezeigt, die uns helfen sollen, das politische Geschehen auf der Insel Sylt vom Jahre 1918 an verstehen und beurteilen zu können.

1918–1928

Die Aufreizung einer
nationalen Entscheidung

Wilhelm Lobsien: Nordmark (1920), vierte Strophe

Und mögen sie unsere Grenzen nach Süden versetzen,
Tief, tief in unsre alte Heimat hinein;
Und mögen sie unsere heiligen Banner zerfetzen,
Daß wir sie bergen müssen im tiefsten Schrein;
Und mögen sie unsere trotzigen Lieder verfluchen
Und wie heulende Wölfe hinter uns sein –?
Sie müssen uns doch die alten Altäre lassen,
um die unsere Väter sich fromm und trotzig geschart!

Kurt Tucholsky: Das dritte Reich (1930), zweite Strophe

Wir dürfen nicht mehr massisch sein –
wir müssen durchaus rassisch sein
und freideutsch, jungdeutsch, heimatwolkig
und bündisch, völkisch, volkisch, volkig ...
und überhaupt.
                Wer's glaubt,
wird selig. Wer es nicht glaubt, ist
ein ganz verkommener Paz- und Bolschewist.
   Das dritte Reich?
   Bitte sehr! Bitte gleich!

»Ruhig inmitten der Wogen«
Die politische Entwicklung Sylts von 1918 bis 1928

Als 1918 das deutsche Kaiserreich von der geschichtlichen Bühne abtrat, brach auch auf Sylt eine neue Epoche an. Bereits am 9. November übernahm ein Soldatenrat die Führung über die zahlreichen militärischen Einheiten; zwei Tage später entstand ein Arbeiterrat. Diese beiden Gremien begannen sofort die Arbeit auf der kommunalen Ebene. Die Übernahme der Macht ging auf der Insel – im Gegensatz zu manch anderen Orten – völlig gewaltlos vor sich. Die Vertreter des neuen Systems lehnten jede diktatorische Gewalt ab und boten ihre Mitarbeit den kommunalen Behörden an, um die zahlreichen Probleme zu lösen [1].

Am 2. März 1919 konnten die Sylter ihre *erste kommunalpolitische Entscheidung in der Weimarer Republik* treffen. Doch hatten sie wenig Gelegenheit, ihr Votum bestimmten Parteien zu geben; denn nur in Westerland hatte als einzige Partei die SPD Kandidaten für die Gemeindewahl aufgestellt. Ihnen gegenüber standen die Bürgerlichen, die sich zu einem geschlossenen Block formiert hatten. In allen anderen Orten zogen es die Stimmberechtigten »unter dem Motto des vorwiegend wirtschaftlichen und lokalen Charakters der Wahlen durchweg vor, sich abwartend in neutralen, verfassungspolitisch indifferenten Listen zusammenzufinden« [2]. So ist auf dem kommunalen Sektor auch die Aussage der Quellen zunächst zu gering, als daß man daraus wesentliche Rückschlüsse auf die politische Willensbildung der Sylter Bevölkerung ziehen könnte.

Die SPD konnte 1919 aufgrund von 719 Stimmen 10 Mandate in der Westerländer Stadtvertretung beanspruchen und besaß damit die absolute Mehrheit. Der Bürgerblock erhielt 613 Stimmen und zog mit acht Vertretern ins Stadtparlament ein. Trotz dieser eindeutigen Machtverhältnisse kam es zu keiner stärkeren parteipolitischen Konfrontation. Im Gegensatz zur Endphase der Weimarer Republik ging man gemeinsam an die Lösung der schwierigen Nachkriegssituation; die wirtschaftliche Gesundung von Stadt und Bad stand im Vordergrund und überdeckte die verschiedenen politischen Standorte.

In den übrigen Inselgemeinden fehlte von vornherein die Voraussetzung für eine politische Profilierung. Nach Aussage der zahlreichen Sitzungsprotokolle wurde eine am Sachlichen orientierte Kommunalpolitik betrieben.

Auch die dann folgende Gemeindewahl am 4. Mai 1924 brachte keine wesentlichen Veränderungen in den politischen Alltag der Insel. Zwar büßten die Sozialdemokraten im Stadtparlament von Westerland ihre absolute Mehrheit ein, blieben aber mit sechs Mandaten die stärkste Fraktion. Das bürgerliche Lager, das allmählich den Schock der Revolution überwunden hatte, löste sich in einzelne Interessengruppen auf, die unter programmatischen Bezeichnungen wie etwa »Gemeinwohl«, »Dammbau« und »Unser Bad« Kandidaten aufstellten und dann mit neun Vertretern ins Westerländer Parlament einzogen.

In den übrigen Gemeinden hatte man sich wiederum auf Listen geeinigt. Die einzige Veränderung war, daß Rantum in den Kreis der Gemeindewahlen mit einbezogen wurde[3].

Die Wahlen zum *Kreistag* am 29. November 1925 zeigen die gleichen Merkmale wie die Kommunalwahlen. Auch hier stellte die SPD als einzige Partei eigene Kandidaten auf. Dagegen hatten sich die bürgerlichen und bäuerlichen Kreise in der Listenverbindung »Stadt und Land« zusammengeschlossen, die auf Sylt mit 885 Stimmen die Mehrheit bekam, gefolgt von der SPD mit 639 Wählern. Die dänisch orientierten Kreise hatten sich unter der Bezeichnung »Friesland« zur Wahl gestellt, doch konnten sie auf Sylt nur 56 Stimmen erzielen[4].

Wenn auch weiterhin das Klima im kommunalpolitischen Bereich unverändert blieb, so vollzog sich doch außerhalb dieses Raumes in langsamen Maße ein Prozeß der Politisierung, der zunächst vor allem von den sozialistischen Parteien ausging. So konnte die insulare SPD ihren Mitgliederbestand bis Ende 1928 auf etwa 150 Personen erweitern[5]. Bereits am 16. November 1924 war von 59 ehemaligen Kriegsteilnehmern in Westerland eine Ortsgruppe des Reichsbanners Schwarz-Rot-Gold gegründet worden, deren Mitgliederstärke im März 1925 schon 80 betrug und bis Anfang 1928 auf über 100 anwuchs[6]. Damit hatte die SPD auf der Insel eine starke politische Kampftruppe und zugleich ein entsprechendes Gegengewicht dem rechtsorientierten »Stahlhelm«, dem »Bund der Frontsoldaten« gegenüber.

Auch die Kommunisten bauten in dieser Zeit ihre organisatorische Basis auf. Das Quellenmaterial hierüber ist zwar recht spärlich; doch läßt sich nachweisen, daß 1928 eine kommunistische Ortsgruppe auf Sylt existierte, deren Umzug durch die Stadt anläßlich ihrer Fahnenweihe »ein für die Insel neuartiges Bild« bedeutete; vor allem »einige Leute in ihren ›Russenkitteln‹« boten den Syltern einen ungewohnten Anblick. Bis zur Reichstagswahl von 1928 hat aber diese Partei auf der Insel keine wesentliche Bedeutung gehabt. Nur einmal traten einige Mitglieder aus ihrer Anonymität heraus, als sie sich bei einer vom Reichsbanner veranstalteten Gedenkfeier für Friedrich Ebert weigerten, sich von ihren Plätzen zu erheben. Diese Provokation führte zu ersten Spannungen zwischen der KPD und den Sozialdemokraten. Kurz vor der Reichstagswahl von 1928 führten die Kommunisten zum erstenmal öffentliche Wahlveranstaltungen durch[7].

Alle anderen Parteien hatten auf Sylt entweder keine oder nur eine ganz schwache organisatorische Basis. Allgemein kann man sagen, daß das politische Verhalten der Sylter in diesem Zeitraum sehr ruhig und gemäßigt war.

Anders hingegen verhielten sich die Kurgäste. Einige von ihnen meinten, ihre politische Einstellung dadurch bekunden zu müssen, daß sie am Strande Fahnen – vor allem die Reichsflagge – entwendeten oder beschädigten. Deshalb sah sich die hiesige Polizeiverwaltung verschiedentlich genötigt, öffentlich auf die »politische Neutralität des Strandes« hinzuweisen und davor zu warnen, »ihn zum Tummelplatz politischer Leidenschaften zu machen«. Daß sich dieses politische Verhalten der Kurgäste nicht auf den Sylter Strand beschränkte, zeigen die zahlreichen Klagen der anderen Nord- und Ostseebäder und der entsprechende Erlaß des preußischen Innenministers zum Schutz der republikanischen Farben. Einige Jahre später versuchte das Bad Borkum dieses Problem dadurch zu lösen, daß es sich eine eigene Fahne mit der Inschrift »Ruhig inmitten der Wogen« zulegte. Doch auch dieses Symbol beruhigte die politischen Leidenschaften nicht[8].

»Das ist eure Schuld, ihr Lauen«
Sylter Ergebnisse der Wahlen zur Nationalversammlung 1919, der Reichstagswahlen 1921 bis 1928, der Reichspräsidentenwahl 1925

Eine bessere Grundlage für eine Analyse der politischen Willensbildung liefern die Ergebnisse der *Reichstagswahlen*, da wir es hier ausschließlich mit politischen Parteien zu tun haben. Doch muß dabei berücksichtigt werden, daß nur die Wahlen außerhalb der Saison ein eindeutiges Bild zulassen; denn in den Sommermonaten war das zahlreiche, größtenteils von außerhalb stammende Saisonpersonal in den Stimmlisten verzeichnet. Außerdem machten viele Kurgäste mit Hilfe des Stimmscheins von ihrem Wahlrecht Gebrauch, wobei diese Stimmen nicht besonders gezählt wurden und so die örtliche Statistik verfälschten. Nur die wenigen noch nicht dem Fremdenverkehr erschlossenen Dörfer spiegeln echt die politische Entscheidung der Sylter wider. Diese Aussagen betreffen natürlich nicht nur Sylt, sondern auch die übrigen Fremdenverkehrsgebiete der nordfriesischen Inseln.

Bei den Wahlen zur *Nationalversammlung am 19. Januar 1919* ging die Deutsche Demokratische Partei (DDP) auf Sylt als Siegerin hervor. In ihr hatten sich große Teile des liberalen Bürgertums und der nichtsozialistischen Bevölkerung gesammelt, um bei den bevorstehenden Verfassungsberatungen ein wirksames Gegengewicht gegen sozialistische Tendenzen zu bilden. Die SPD, die in Schleswig-Holstein mit 45 Prozent und im Deutschen Reich insgesamt mit etwa 38 Prozent aller Stimmen als stärkste Partei aus dem Wahlkampf hervorging, nahm auf Sylt einen beachtlichen zweiten Platz ein. Dieses gute Abschneiden der SPD rief den Zorn des Westerländer Amtsrichters hervor, dessen »Offener Brief« einen guten Einblick in das politische Klima jener Zeit vermittelt: »Es ist tief beschämend, daß es noch so viele Bürgerliche gibt, die immer noch nicht begriffen haben, daß es für unser Vaterland jetzt um alles, aber auch um alles geht! Wer ohne einen zwingenden Grund den Wahlen fernbleibt, versündigt sich aufs schwerste an unserem Vaterland! Westerland hat von allen Stimmbezirken des Kreises Tondern am ungünstigsten abgeschnitten. Das ist eure Schuld, ihr Lauen!« [1]

Mit der Wahl der beiden Parteien DDP und SPD hatten sich die Sylter für die parlamentarisch-republikanische Regierungsform entschieden. Die Deutschnationale Volkspartei (DNVP) erhielt nur einen ganz geringen Stimmenanteil, und die Kommunisten hatten auf der Insel überhaupt keinen Erfolg.

Mit Rücksicht auf die Volksabstimmung fand die *Reichstagswahl*, die die Nationalversammlung durch den ersten ordentlichen Reichstag ersetzen sollte, in Schleswig-Holstein erst am *20. Februar 1921* statt. Auf Sylt verlor zwar die SPD etwa 200 Stimmen; doch sie war diesmal die stärkste Partei. Die große Verliererin war auf der Insel ebenso wie im Reich die Deutsche Demokratische Partei. Das bürgerliche Lager, das sich zunächst unter dem Schock der Revolution den Liberalen angeschlossen hatte, wanderte jetzt nach rechts, zur Deutschen Volkspartei (DVP) und zur Deutschnationalen Volkspartei (DNVP), die beide der Republik teils skeptisch, teils feindlich gegenüberstanden. Die Deutsche Demokratische Partei auf Sylt konnte nur noch Splitterstimmen für sich verbuchen. Auffällig bei dieser Wahl war das gute Abschneiden der Schleswig-Holsteinischen Landespartei, von der sich vor allem die ländliche Bevölkerung aufgrund der Kandidaten eine wirkungsvolle Repräsentation erhoffte.[2] Doch diese Partei hatte nicht lange Bestand, und viele bäuerliche Wähler gingen in der Folgezeit zur Deutschnationalen Volkspartei über.

Bemerkenswert ist auch das Wahlergebnis bei der KPD, die auf Sylt nur zwei Stimmen erhielt, während sie im Reich beachtliche 6,3 Millionen bekam. Die dänisch orientierten Kreise, zu denen auch immer noch Gruppen von antipreußisch eingestellten Friesen gehörten, traten zum erstenmal mit ihren Kandidaten auf. Es zeigte sich, daß die Zahl ihrer Anhänger unwesentlich war, so daß die scharfen Reaktionen ihnen gegenüber wie ein Sturm im Wasserglas anmuten[3].

Die nächste *Reichstagswahl* fand am *4. Mai 1924* statt. Dieser Termin fiel in den Anfang der Sylter Saison, so daß nur bedingt Schlüsse auf die politische Haltung der Inselbevölkerung gezogen werden dürfen. Die SPD verlor wiederum etwa 200 Stimmen, blieb aber immer noch stärkste Partei der Insel. Doch sowohl die DNVP, die fast 300 Stimmen dazugewann, als auch die DVP, die im wesentlichen ihren hohen Stand halten konnte, rückten zahlenmäßig in ihre Nähe. Auch die DDP konnte einen Stimmenzuwachs erzielen, aber bei weitem nicht wieder ihre alte Position erreichen.

Diese Ergebnisse entsprechen ungefähr denen in Schleswig-Holstein und im Reich. Problematisch für die Deutung sind die Zahlen für die extreme Rechte, die bei dieser Wahl unter der Firmenbezeichnung Deutschvölkische Freiheitspartei auftrat. Zwar finden wir sowohl in der Provinz als auch im Reich einen starken Stimmenzuwachs, auffällig ist indessen, daß auf Sylt die Partei nur in den Orten Stimmen gewinnen konnte, die vom Fremdenverkehr frequentiert wurden, so daß die Vermutung nahe liegt, daß Kurgäste das Ergebnis zumindest stark beeinflußt haben. Außerdem fehlt jeglicher Hinweis auf eine Wahlpropaganda in irgendeiner Form, die die Sylter zu dieser Entscheidung hätte bringen können. Überdies ist die friesische Mentalität nicht sonderlich dafür prädestiniert, derartige politische Experimente aus dem Stegreif durchzuführen.

Ganz geringfügig war hier wiederum der Stimmenanteil der Kommunisten, zumal wenn man berücksichtigt, daß sie im gesamten schleswigholsteinischen Wahlkreis immerhin 12 Prozent der Stimmen bekamen.

Im Dezember 1924 mußte erneut ein Reichstag gewählt werden, da der letzte keine regierungsfähige Mehrheit von Dauer zustande brachte. Dabei konnten sowohl die DNVP als auch die DVP weiterhin Stimmen gewinnen. Doch auch die SPD hatte ihren Tiefpunkt vom Mai 1924 überwunden und konnte einen Zuwachs für sich verbuchen.

Während die DDP Verluste hinnehmen mußte, konnten die Kommunisten ihre äußerst schwache Stellung halten. Auch die extreme Rechte fiel mit dem Verschwinden der Kurgäste in eine unbedeutende Position zurück, so daß die Gemeinsamkeit beider Parteien nicht nur in der Radikalität, sondern auch in der Größenordnung bestand. Für beide Extremgruppen wirkte es sich auf Sylt sehr nachteilig aus, daß sie hier keine organisatorische Basis besaßen.

Als die Sylter am *29. März 1925* zu den Wahlurnen gingen, um einen neuen *Reichspräsidenten* zu wählen, hatten sie reichlich Auswahl. Die getrennt marschierenden Parteien boten sieben Kandidaten an: die SPD den preußischen Ministerpräsidenten Otto Braun, die Bayrische Volkspartei Dr. Heinrich Held, die DDP Dr. Willy Hellpach, das Zentrum Dr. Wilhelm Marx, die Rechte (DNVP und DVP) den Duisburger Oberbürgermeister Dr. Karl Jarres, die Nationalsozialisten Erich Ludendorff und die Kommunisten Ernst Thälmann. Auf Sylt erzielten sie das folgende Ergebnis: Ludendorff 19 Stimmen, Jarres 1128 Stimmen, Marx 26 Stimmen, Held 13 Stimmen, Hellpach 137 Stimmen, Braun 815 Stimmen, Thälmann 87 Stimmen. (Insgesamt wurden auf der Insel 2225 Stimmen abgegeben; Tabelle mit Aufschlüsselung nach den einzelnen Wahlkreisen im Anhang.)

Wie aufgrund der bisherigen Wahlen nicht anders zu erwarten war, bekam der Kandidat der Rechten, Jarres, am meisten Stimmen; er brachte es auf Sylt über 50 Prozent, während er im Deutschen Reich insgesamt unter 40 Prozent blieb. Doch zeigen sich im Vergleich zur Reichstagswahl vom Dezember 1924 in den Gewinnen der beiden republikanischen Parteien SPD und DDP – nicht zuletzt wegen der sich leicht bessernden Wirtschaftslage – Stabilisierungstendenzen. Das schlechte Abschneiden des NSDAP-Kandidaten Ludendorff dürfte darauf hinweisen, daß sich auf Sylt die Rechte bewußt auf Jarres konzentrierte.

Auffällig ist der Stimmengewinn der Kommunisten auf Sylt, die im Vergleich zur vorangegangenen Reichstagswahl ihren Anteil verdoppeln konnten. Dabei kam die Hälfte der Stimmen aus dem bäuerlichen Bezirk Morsum. Die Erklärung dafür, daß die KPD hier von zwei Stimmen bei der letzten Reichstagswahl auf 44 klettern konnte, dürfte bei den zahlreichen zum Bau des Hindenburgdamms eingesetzten Arbeitern zu suchen sein, von denen SPD und KPD profitierten.

Daß beim Aufmarsch von 7 Kandidaten für das Amt des Reichspräsidenten keiner im ersten Wahlgang die erforderliche absolute Mehrheit erreichte, war anzunehmen – wobei allerdings, wie gesagt, auf Sylt der Kandidat der Rechten, Jarres, tatsächlich über 50 Prozent kam. Um im zweiten Wahlgang wenigstens die nun erforderliche relative Mehrheit zu erlangen, mußten sich die verschiedenen Gruppen auf wenige Kandidaten einigen. So präsentierten die republikanischen Parteien SPD, DDP und Zentrum nun gemeinsam den schon bekannten Zentrumskandidaten Marx. Die Rechte trat überraschend mit Generalfeldmarschall von Hindenburg auf, um alle antirepublikanischen Stimmen zu vereinigen. Hinter die Kandidatur Hindenburg stellten sich NSDAP, DNVP, DVP und BVP (Bayrische Volkspartei). Die KPD kandidierte wiederum mit Thälmann.

Der *zweite Wahlgang der Reichspräsidentenwahl* fand am *26. April 1925* statt. Er brachte auf Sylt folgendes Ergebnis: Hindenburg 1466 Stimmen, Marx 1169 Stimmen und Thälmann 129 Stimmen (Tabelle mit Ergebnissen der einzelnen Wahlbezirke im Anhang). Das Votum für Hindenburg fiel auf Sylt wesentlich eindeutiger aus als im Reich. Während er – wie schon Jarres im ersten Wahlgang, aber mit größerem Vorsprung – auf Sylt das absolute Mehr erreichte, erlangte er im Reich mit knappem Abstand vor Marx das relative Mehr. Die Ergebnisse im Reich lauteten: Hindenburg 14,6 Millionen Stimmen, Marx 13,8 Millionen, Thälmann 1,9 Millionen.

Die schon beim ersten Wahlgang erwähnten günstigen Voraussetzungen für den Kandidaten der KPD auf Sylt bestanden auch diesmal wieder. Außerdem konnte er wohl ein paar Stimmen aus dem Lager der SPD auf sich ziehen.

Kurz vor der *Reichstagswahl* am *20. Mai 1928* begann sich das politische Leben der Insel zu aktivieren. Die Reihe der Wahlveranstaltungen eröffnete die Deutschnationale Volkspartei (DNVP), die ihren schleswig-holsteinischen Spitzenkandidaten Dr. Oberfohren nach Westerland schickte. Kurz darauf trat die Deutsche Demokratische Partei (DDP) hier auf, doch »nur wenige waren dem Ruf gefolgt, so daß man sich räumlich mit der Gaststube begnügen konnte«. Zum erstenmal beteiligten sich auch die Kommunisten am Wahlkampf für den Reichstag; ihre kürzlich gegründete Sylter Ortsgruppe führte in Westerland, Keitum und Morsum Versammlungen durch.

Die SPD entsandte Frau Luise Schröder nach Sylt. Es folgten noch die neue Reichspartei des deutschen Mittelstandes sowie die Deutsche Volkspartei (DVP), denen die Ortsgruppe Sylt des Handwerkerbundes wahlpolitische Hilfestellung leistete. Der landwirtschaftliche Kreisverein, der Kreisbauernverein sowie der Kreislandbund appellierten in einer Wahlanzeige an die Bauern, ihre Stimmen den antirepublikanischen

Rechtsparteien DNVP oder DVP zu geben; denn daneben warb auch die Christlich-Nationale Bauern- und Landvolkpartei auf Sylt um die Gunst der bäuerlichen Wähler[4].

Das Ergebnis dieser Wahl auf Sylt entsprach in seiner Gesamttendenz dem Ergebnis im Reich. Starke Verluste mußten die DNVP und die DVP hinnehmen. Ebenso setzte sich bei der DDP die Abwärtsbewegung weiter fort. Die SPD hingegen konnte weitere Stimmen gewinnen und blieb stärkste Partei. Einen großen Zuwachs erhielt auch auf der Insel die Reichspartei des deutschen Mittelstandes, die von M. Schumacher treffend als »Partei der Meister und Obermeister, der ›Verbandshäuptlinge‹, der älteren Generation des Besitz- und Kleinbürgertums, das noch bewußt das Wilhelminische Kaiserreich erlebt hatte, und sich nach einer vergangenen Prosperität zurücksehnte«, charakterisiert wird. Bei der letzten Reichstagswahl hatte sie auf Sylt nur 4 Stimmen erhalten, jetzt konnte sie 318 Wähler für sich verbuchen[5].

Auffallend ist der Zuwachs der Kommunisten, denen es – im Vergleich zur letzten Reichstagswahl – auf Sylt gelang, ihre Stimmen fast zu verfünffachen (von 44 auf 208). Dieser Erfolg ist besonders bemerkenswert, wenn man die entsprechenden Ergebnisse von Föhr (12 Stimmen), Amrum (2) und das des ganzen Kreises Südtondern zum Vergleich heranzieht (315) und überdies bedenkt, daß die KPD im Reichsdurchschnitt einen Stimmenrückgang von 2 Prozent hinnehmen mußte. Da der Anstieg sich in allen Orten der Insel zeigt, liegen kaum mehr örtliche Sonderbedingungen wie bei der Reichspräsidentenwahl vor. Die Gründe für den kommunistischen Erfolg sind einmal in der von neuem höchst angespannten Wirtschaftslage der Insel zu suchen; zum anderen trug die von der vor kurzem gegründeten organisatorischen Basis aus betriebene Agitation zum Erfolg bei[6].

Die Nationalsozialisten blieben weiterhin in ihrer unbedeutenden Position und weit unterhalb des Landesdurchschnitts von 4 Prozent. Die Stimmen der antirepublikanischen Rechten hatten sich also von DNVP und DVP auf die Reichspartei verlagert, aber noch nicht auf die NSDAP; es ist demnach wohl nicht übertrieben, von einer – vorläufig – heimatlosen Rechten, einer ausgezehrten Mitte und einer zwischen SPD und KPD gespaltenen Linken auf Sylt zu sprechen.

Die Stunde der Nordmarkfahrer
Deutsch oder dänisch? – Preußisch oder dänisch?

Der verlorene Weltkrieg mit all seinen Konsequenzen bedeutete auch für die Insel Sylt in jeder Hinsicht einen tiefen Einschnitt. Bestimmte doch der Artikel 109 des Versailler Vertrags auch Nord- und Mittel-Schleswig zum Abstimmungsgebiet – wie das Saarland, das Gebiet von Eupen-Malmedy, Oberschlesien und Teile Ostpreußens. Nordschleswig (Zone I), nach Süden abgegrenzt durch die sogenannte Clausenlinie, die zwar nördlich von Flensburg, aber südlich von Tondern (Tønder) und Hoyer (Højer) verlief, kam durch eine En-bloc-Abstimmung (10. Februar 1920) an Dänemark. Dies griff an den Lebensnerv der Insel Sylt; denn die Hauptverbindung zwischen Sylt und dem Festland war die Dampferlinie Hoyer–Munkmarsch. Daß dadurch der für die Insel lebenswichtige Fremdenverkehr behindert würde, war abzusehen.

So ist es erklärlich, daß auf der Insel der *Abstimmungskampf vom 14. März 1920* um das Schicksal von Mittel-Schleswig (Zone II), wozu auch Sylt gehörte, mit einer besonderen Härte als nationale Konfrontation geführt wurde. Es ist für uns heute nur sehr schwer nachzuempfinden, wenn wir die sich aufbäumenden Wogen nationaler Gefühle in den damaligen Kundgebungen beobachten. Alle Versammlungen der sich für ein Verbleiben bei Deutschland einsetzenden Gruppen liefen nach einem einheitlichen Schema ab. Den äußeren Rahmen dieser Veranstaltungen bildeten die Turn- und Schützenvereine sowie die örtlichen Feuerwehren mit ihren Fahnen, der inhaltlich von »markigen, jeden Hörer tief ergreifenden« Ansprachen ausgefüllt wurde. Hierbei argumentierten die Redner häufig mit dem »historischen Recht«, mit dem sie glaubten nachweisen zu können, daß »unsere Heimatprovinz nie mit Recht dänisches Land gewesen ist«. Da die dänische Seite sich ihrerseits mit entsprechenden Argumenten historischer Rückblenden bediente, wird die Relativität dieses Standpunkts – dem heutigen Betrachter jedenfalls – deutlich [1].

Typisch für die Art der nationalen Auseinandersetzung war der Rückgriff auf bedeutende historische Persönlichkeiten aus der Zeit des deutsch-dänischen Nationalitätenkonfliktes im 19. Jahrhundert. So war es für die Sylter naheliegend, den in Keitum geborenen Uwe Jens Lornsen (1793–1838) als Kronzeugen ihrer nationalen Gesinnung wieder auferstehen zu lassen [2].

Auch das literarische Element fehlte bei diesen Kundgebungen nicht. In Form von »kernigen, wirkungsvollen Gedichten« und Sprüchen lieferte es seinen Beitrag, die Stimmung anzuheizen; Wilhelm Lobsien stellte einige seiner Gedichte unter dem Titel »Nordmark« zusammen als »Gruß des Dichters an die Nordmarkfahrer zur Abstimmung 1920«.

Nordmark

Gedichte von Wilhelm Lobsien

Ein Gruß des Dichters an die Nordmarkfahrer zur Abstimmung 1920

Bei allen Veranstaltungen stand der gefühlsmäßige Appell an heimatliche und völkische Bindungen im Vordergrund, die dann auch jedesmal mit dem Absingen des Schleswig-Holstein-Liedes und der Nationalhymne endeten. Deutsche Nationalhymne aber war 1920 noch – als gelte es, das irrationale Element auf die Spitze zu treiben – die Kaiserhymne »Heil dir im Siegerkranz«; erst 1922 wurde das Deutschlandlied zur Nationalhymne der Weimarer Republik bestimmt.

Auch die Söl'ring Foriining, die sich neben der Heimatkunde besonders für die friesische Sprache einsetzte, schwamm auf dieser Welle deutschnationaler Emotionen. Mit einem Protest dagegen, daß Sylt als »reindeutsches Gebiet« überhaupt in die Abstimmung einbezogen worden war, schaltete sich die Friesen-Vereinigung in die nationalpolitische Auseinandersetzung ein; als dekorativen Hintergrund ihrer Kampagnen benutzte sie die Sylter Thinghügel, die dadurch zum irrationalen Symbol umfunktioniert wurden.

Beunruhigt wurde man auch auf Sylt, als die auf einer französischen Zeitungsmeldung beruhende Nachricht bekannt wurde, daß Dänemark seine Ansprüche auf den Nordteil der Insel, das Listland, das bis 1864 in einer besonderen historischen Beziehung zum dänischen Königreich gestanden hatte, angemeldet habe, »obwohl dort« – nach Meinung der Sylter Zeitung – »seit Jahren keine Dänen mehr wohnen, und die Lister trotz ihrer früher gesprochenen plattdänischen Mundart gute Friesen und treue Deutsche sind und gewesen sind«[3]. Als sich diese Meldung dann als falsch herausstellte, atmete man erleichtert auf.

Ein kennzeichnendes Moment dieser Zeit ist die politische Wertvorstellung, die in der Überhöhung der deutschen Nation und in der Diffamierung des dänischen Volkes bestand. So wurde Deutschland stets als »mächtigste und edelste Nation Europas« bezeichnet, in die auch die Nordfriesen sich mit einbezogen; schon immer hätten »die echten freiheitsliebenden Friesen mit einem gewissen Stolz auf die Dänen herabgesehen« und sie zu Arbeiten herangezogen, für die sie sich selber zu gut hielten. Das ist die arrogante Interpretation jener schon skizzierten Vorgänge im 18. und 19. Jahrhundert, als die Sylter wegen der Seefahrt das Interesse an der Landwirtschaft verloren und sie teilweise den eingewanderten Dänen überließen.

Als sich dagegen der Friesische Wählerverein auf Sylt aktiv betätigte, wurden ihm alle nur erdenklichen Schwierigkeiten bereitet, denn hinter diesem Verein standen jene »danofriesischen« Gruppen, die sich durch ihre Herkunft oder wegen ihrer Gesinnung mit Dänemark stärker verbunden fühlten als mit Preußen und dem Deutschen Reich und die sich deshalb für eine Vereinigung mit dem Dänischen Königreich einsetzten. So stellten einige Gastwirte dem Friesischen Wählerverein keine Versammlungsräume zur Verfügung, »ein braves, mannhaftes Verhalten«, wie es die Sylter Zeitung kommentierte[4].

Auch scheute man nicht davor zurück, den dänisch orientierten Syltern Landesverrat vorzuwerfen, unterstellte ihnen nur materielle Motive, suchte ihre Redner wegen mangelhafter Beherrschung der deutschen Sprache lächerlich zu machen, indem man sich für die »wenngleich unbeabsichtigte humorvolle Unterhaltung« herzlich bedankte, warnte sie vor einer Fortsetzung der Agitation, da sonst die Ruhe und Sicherheit gefährdet würde, und warf ihnen schließlich vor, sich für eine »fremde« Kultur einzusetzen.

Als Nann Peter Mungard, ein Sylter Friese aus Keitum, sich zu dieser politischen Richtung bekannte und im Zusammenhang hiermit einen Leserbrief mit »alter friesischer Privatier, früher Master of the British Mercantile Marine« unterzeichnete, rief das einen Sturm der Entrüstung hervor. Mungard wurde öffentlich als »Hochverräter und Spion« tituliert, denn aus seiner Unterschrift ersehe man, »daß englisches Geld dahinterstecke, daß er in englischem Solde stehe und sein Vermögen dadurch erworben habe«[5].

Um die Bösartigkeit dieser Argumentation und die Überspanntheit des nationalen Klimas transparent zu machen, muß man kurz die Lebensgeschichte von Nann Petersen Mungard – so lautet sein Name im Taufregister – beleuchten. Er wurde am 30. Juni 1849 in Keitum geboren und wandte sich gleich nach der Konfirmation dem Seemannsberufe zu, legte in Kiel das Steuermannsexamen ab und erwarb in Japan und Hongkong das Kapitänspatent. Bis zu seinem 35. Lebensjahr fuhr er zur See. Nach seiner Heirat mit einer Sylter Kapitänstochter widmete er sich auf einer Landstelle nahe der Keitumer Kirche der Landwirtschaft. Durch Erfolge der Urbarmachung von Heideland und in der Viehzucht machte er sich einen Namen, so daß er von seinen Landsleuten zum Vorsitzenden des Landwirtschaftlichen Vereins gewählt wurde. In dieser Eigenschaft organisierte er Informationsbesuche von Föhrer Landleuten nach Sylt (1903) und von Syltern nach Föhr (1905), die die Grundlage zu den späteren großen Treffen der Inselfriesen, den »Friesenfesten« (Amrum 1907, Sylt 1909 und Föhr 1913) legten, und in denen sich schon deutlich N. P. Mungards »nationales Engagement für die friesische Sache« zeigte. Diese Einstellung macht es auch selbstverständlich, daß er sich nach dem Zusammenbruch des Kaiserreichs und in der sich daraus ergebenden nationalen Abstimmung dem »Friesischen Wählerverein« anschloß. In diesem spielte er eine führende Rolle; nicht nur auf Sylt, sondern auch auf dem Festland und den anderen nordfriesischen Inseln setzte er sich als Redner für die Verbindung mit Dänemark ein.

Für Nann P. Mungard war die Abstimmung keine Entscheidung zwischen Deutschland und Dänemark, sondern *zwischen Preußen und Dänemark*. Welche Auffassung er von dem preußischen Staat hatte, wird in einem von ihm Ende 1920 veröffentlichten Rundschreiben deutlich: Preußen war für ihn ein Land, »welches uns 1848–51 im Stich ließ und Dänemark auslieferte, um uns darauf 1864 erobern zu können« und das Nordfriesland »Not und Elend bis zur gänzlichen Verarmung« brachte.

Wie fest N. P. Mungard in der friesischen Welt verwurzelt war, beweist nicht nur das von ihm erarbeitete friesische Wörterbuch »Fuar Söl'ring Spraak en Wiis«. Auch sein in einem Rundschreiben 1920 veröffentlichter Neujahrsgruß spiegelt diese Haltung wider: »Es tut mir aufrichtig leid, feststellen zu müssen, daß alle, die da wirklich glauben, mir deshalb die Eigenschaften eines Friesen absprechen zu müssen, weil ich frei und offen erklärt habe, bei der bevorstehenden Abstimmung: ob preußisch oder dänisch, für Dänemark stimmen zu müssen, ganz bedenklich krank sind, und deshalb entbiete ich allen diesen als Neujahrswunsch ›eine recht baldige Genesung‹. Allen, die einem Friesen auch das Recht zubilligen, seine Stimme für Dänemark abzugeben, ohne dabei seinen Ruf als guten, seinem Volkstum treuen Friesen auch nur anzuzweifeln, wünsche ich von Herzen ein recht gesegnetes neues Jahr.«

Ein Jahr nach der Abstimmung – sein Hof war inzwischen abgebrannt – verlegte er seinen Wohnsitz nach Dänemark, und zwar ins nahe Mögeltondern (Møgeltønder). Hier starb er 1935 im Alter von 86 Jahren. Erst nach seinem Tode wurde das Wirken dieses Mannes gerecht beurteilt[6].

Teilweise erscheinen dem heutigen Betrachter gewisse Formen der nationalen Auseinandersetzung geradezu skurril. So zum Beispiel, wenn Pakete, in denen prodänische Schriften vermutet wurden, einen Kapitän der Hoyer-Munkmarsch-Linie derart in Wut versetzten, daß er sie über Bord werfen wollte. Oder wenn die Bemerkung eines kleinen ertappten Holzdiebes gegenüber der Polizei »Gott sei dank, daß wir bald dänisch sind« von der Sylter Zeitung dahingehend gedeutet wurde, daß man daraus ersehe, »was für Elemente die dänische Agitation für sich gewonnen habe«, wie überhaupt nach Meinung dieser Zeitung nur »schwache und bösartige Elemente zum Verrat an ihrem Vaterland verführt« werden konnten[7].

Selbst der typisch friesische Teepunsch soll von dänischer Seite als politische Waffe eingesetzt worden sein. So weiß die Sylter Zeitung zu berichten, daß die »Agitatoren junge Leute und Arbeiter eingeladen hatten, sie mit Teepunsch – manchmal 10 bis 20 Glas pro Mann – so traktierten, bis die Gemüter sanft umnebelt waren; dann erst öffneten sich die Schleusen dänischer Überredungsflut«. Ob diese Methode außer Kopfschmerzen auch politische Konsequenzen hinterließ, entzieht sich unserer Kenntnis.

In dieser überspannten Atmosphäre fällt die sachliche, jeden politischen Irrationalismus vermeidende Argumentation der Sozialdemokraten wohltuend auf. Das lag natürlich in der Struktur dieser Partei begründet, die nicht von nationalpolitischen, sondern gesellschaftspolitischen Zielsetzungen bestimmt war, so daß Deutsche und Dänen ihr gemeinsam angehören konnten. So wurden auch auf den Versammlungen dieser Partei auf der Insel vor allem mit der Abstimmung zusammenhängende wirtschaftliche Probleme erörtert und ein echtes nationales Bekenntnis zu beiden Seiten toleriert[8].

Da die Abstimmung unter internationaler Kontrolle stattfinden sollte, traf auf Sylt am 25. Februar 1920 ein englisches Truppenkontingent ein.

Extra-Blatt der Sylter Zeitung

Montag, den 15. März 1920, vorm. 9 Uhr.

Abstimmungsergebnisse

Die aus einem Offizier und 25 Soldaten bestehende Kontrollmacht wurde von »vielen Neugierigen mit Schweigen empfangen«. Von den »Dänenfreunden« aber wußte die Zeitung zu berichten, daß sie die Soldaten nicht nur herzlich bewirteten, sondern auch mit Sträußen dekorierten, die mit Bändern in dänischen Farben versehen waren.

Einem Triumphzug glich der Empfang der etwa 450 auswärts wohnenden, aber auf Sylt geborenen Stimmberechtigten, die am 12. März 1920 auf der Insel eintrafen. Eine Militärkapelle, Fahnen, Spalier stehende Schulkinder und der »Massengesang vaterländischer Lieder« sorgten für die entsprechende Stimmung [9].

Trotz der sich aufbäumenden Wogen nationaler Gefühle verlief die Abstimmung vom 14. März 1920 ohne Zwischenfälle. Sie brachte auf Sylt das folgende Ergebnis:

Abstimmungsbezirk	Deutsch	Dänisch
Westerland I	921	117
Westerland II	272	15
List	44	7
Norddörfer (Kampen, Wenningstedt)	261	29
Keitum	559	68
Archsum	111	7
Tinnum	256	25
Morsum	267	87
Rantum mit Hörnum	24	
Insel Sylt	2715 (88,4 %)	355 (11,6 %)

Als das Ergebnis bekannt wurde, herrschte eine unbeschreibliche Jubelstimmung auf der Insel. Die Bevölkerung war froh, die alle Bereiche lähmende nationale Unsicherheit hinter sich zu haben.

Zwar versuchten noch die »Friesen der Inseln Sylt, Föhr und Amrum sowie des Festlandes« durch eine Petition vom 16. März 1920 an die Internationale Kommission eine territoriale Korrektur zu erreichen. Sie baten darum, daß das durch die Abstimmung in der Zone I an Dänemark gefallene Gebiet um Hoyer und Tondern »dem Friesenlande und damit Deutschland« verbleiben sollte, weil »das Friesentum in diesen Orten und Umgebung stark vertreten ist« und weil das Gebiet »wirtschaftlich eng mit den friesischen Inseln verknüpft ist«.

Diese Bittschrift hatte jedoch keinen Erfolg, und die Sylter mußten sich mit der durch die Abstimmung in der Zone I entstandenen Lage abfinden und jetzt alles daransetzen, die lebenswichtigen verkehrstechnischen Probleme zu lösen.

»Seid Christen, seid Deutsche!«
Das Wachhalten der nationalen Emotionen

Zwar beruhigten sich die national erregten Gemüter im Verlauf der weiteren Entwicklung im allgemeinen wieder, zumal auch die Bewältigung der wirtschaftlichen Probleme alle Kraft der Insel-Bevölkerung beanspruchte. Daß aber national deutsche Emotionen immer wieder geweckt wurden, dafür sorgten die Petritags- und Abstimmungsfeiern.

Diese Verzahnung von altem Brauchtum und neuem politischen Bewußtsein zeigt sich zum erstenmal deutlich, als 1919 ein Sylter Pastor seinen Friesen in Hinblick auf den Petritag (22. Februar) den Ratschlag erteilte – allerdings ohne nennenswerten Erfolg –, »wegen der ungelösten schwersten Fragen völkischen Lebens sich nicht dem Vergnügungstaumel hinzugeben«.

Im folgenden Jahr – zwischen der Abstimmung in der Zone I und dem bevorstehenden Abstimmungskampf auf Sylt – beging man dieses Fest »als wichtige nationale Kundgebung, als kraftvolles Bekenntnis unverbrüchlicher Treue gegenüber der schleswigschen Heimat und ihrer deutschen Kultur«.

In den Reden beim Biikefeuer am Vorabend des Petritags wurden die Friesen als »Wächter der Grenze« bezeichnet, die ihre »Heimat gegen den Feind verteidigen«, und man beklagte »das Unrecht von Tondern und Hoyer«. Eine häufig gebrauchte Wendung ist »das Schandverdikt von Versailles«. Im Biikefeuer sah man »ein gutes Omen für den Aufstieg unseres Vaterlandes: möge es ihm eine Leuchte und eine Fackel sein auf seinem Weg, damit es in Zukunft wieder den Platz findet, der ihm gebührt, den Platz an der Sonne!«[1]

Der Brauch der Biikefeuer geht weit zurück; er knüpft an bereits vorgermanische Traditionen an, in denen Huldigung an das wachsende Licht und Fruchtbarkeitsriten enthalten sind. Die genauesten Entsprechungen stellt die Volkskunde in Teilen der Alpen und Voralpen fest. In Nordfriesland ist der Brauch seit der Epoche des Walfangs fest überliefert und wird als typisch nordfriesisch empfunden. Die Art, wie der alte Brauch, in dem magische, irrationale Elemente mitschwingen, von neuen – ebenso irrationalen – politischen Emotionen aufgeladen wurde, ist ein sehr typischer Vorgang. Dieser Politisierungsprozeß des alten friesischen Festtags wurde schließlich dadurch akzentuiert, daß man beschloß, den Abstimmungstag nur noch alle 5 Jahre in feierlicher Form zu veranstalten, da ja schon »der Petritag der Stärkung des heimatlichen und zugleich vaterländischen Gedankens geweiht« sei.

Die Abstimmungsfeiern sorgten ihrerseits dafür, daß sich die nationalen Wogen nicht glätteten. Als Beispiel für die Art des Zeremoniells mag die Feier vom 14. März 1924 dienen. Die »Krieger- und Kampfgenossen«, die Freiwillige Feuerwehr, der Schützenverein, der Männerturnverein sowie eine militärische Abordnung – »alle unter Fahnenschmuck« – zogen zum Westerländer »Gotteshaus«, da »sich keine Stätte so eignet für eine solche Feier wie der ernst-würdige Raum unserer schönen Kirche«. Hier wandte sich dann der Ortsgeistliche in seiner aus christlichen und nationalen Elementen gemischten Ansprache »an die Herzen seiner Gemeinde«; er beschloß sie mit der Aufforderung: »Seid Christen, seid Deutsche!«[2]

Auch in der späteren Zeit veränderten sich weder Form noch Sprache dieser Veranstaltungen.

Ein weiterer Anlaß, die nationalen Gefühle wieder hochzupeitschen, war die Kreistagswahl von 1925, für die auch dänisch orientierte Bewohner des Kreises kandidierten. In einem Wahlaufruf – den alle Kandidaten – einschließlich der SPD – unterschrieben, heißt es unter anderem: »Jetzt, fünfeinhalb Jahre nach der Abstimmung, aus der wir unseren Teil des Kreises Tondern glücklicherweise herausgerettet haben, während der andere Teil gegen alles Recht und gegen alle Vernunft zu Dänemark geschlagen wurde, sollen wir uns mit dem Gedanken vertraut machen, einen Dänen in unseren Kreistag zu bekommen? Nein, dieser Gedanke wäre direkt beschämend! Wir alle, die wir von Deutschlands Zukunft etwas mehr erwarten, als es die Gegenwart bietet, können nicht einsehen, welche Berechtigung ein Däne in unserem südtondernschen Kreistage haben könnte ... Sollte da ein Däne kommen und das niederreißen, was langsam und sicher von allen Kreistagsmitgliedern aufgebaut worden ist? Wir Deutsche – einerlei welcher Richtung – wollen unter uns bleiben.«

Diese Intoleranz gegenüber Vertretern anderer nationaler Gesinnung sprach auch deutlich aus einem Wahlaufruf der »Wirtschaftlichen Organisationen der Insel Sylt«: »Die Dänenführer versuchen, aus unserer Not und aus unserem Elend Kapital zu schlagen. Ihr habt die Pflicht, den Dänen, die sich als Friesen aufspielen, eine deutsche Antwort zu geben.« Und zu Beginn des Jahres 1933 diffamiert man in der Sylter Zeitung den Vertreter der dänischen Minderheit »als den sattsam bekannten skrupellosesten Feind und Verleumder alles Deutschen«[3].

Zusammenfassend läßt sich sagen, daß sich der Sylter zwar im Alltag national zurückhaltend zeigte, zumal er auch Rücksicht auf das internationale Saisonpublikum zu nehmen hatte. Doch durch das Wachhalten der nationalen Intoleranz und durch die künstlich am Leben gehaltene Unzufriedenheit mit der durch die Abstimmung geschaffenen grenzpolitischen Realität schuf man unterschwellig eine Basis, von der aus dann die Nationalsozialisten auf Sylt in ihrem Sinn weiterarbeiten konnten.

Kein »Wunder der Rentenmark«
Die wirtschaftliche Situation Sylts von 1919 bis 1927

Während es der Landwirtschaft nach dem Krieg verhältnismäßig gut ging, hatte der Fremdenverkehr durch die politische Entwicklung stark gelitten. Erst am 1. Juni 1919 konnte er nach fast fünfjähriger Unterbrechung wieder aufgenommen werden, ein Ereignis, auf das große Erwartungen gesetzt und das entsprechend gefeiert wurde. Man spendierte Freibier, ein Chor sang: »Der Frühling naht mit Brausen«, und abends fand ein Festball statt, »der schier nimmer enden wollte«.

Als die Sylter aber am Ende der Saison die Bilanz zogen, sahen sie nüchterner. Nur etwa 14000 Gäste konnten die beiden Hauptbäder Westerland und Wenningstedt für sich verbuchen. Die Misere dieses Jahres wird noch deutlicher, wenn man die Zahlen von 1913, der letzten vollen Saison vor dem Krieg, mit 32301 Kurgästen damit vergleicht. So setzten die Sylter alle Hoffnungen auf das nächste Jahr. Mit großem finanziellen Aufwand baute die Stadt Westerland eine neue Seebadeanlage und eröffnete das seit sechs Jahren geschlossene Kurhaus. Doch aufgrund der allgemeinen wirtschaftlichen Lage und der ungünstigen Verkehrsverbindungen gingen die Gästezahlen noch weiter zurück. Auch die nächsten Jahre brachten keine wesentlichen Besserungen, und im September 1923 mußte die Saison wegen der allgemein ungünstigen Wirtschaftslage abgebrochen werden.

Bittere Not war die Folge: »Es ... ist fast die ganze Stadtbevölkerung mit Ausnahme der Festbesoldeten und Inhaber noch gut gehender Geschäfte vor die nackte Existenzfrage gestellt. Die Mehrzahl der Arbeiter (rund 200 Familien) leidet unter fast ununterbrochener Arbeitslosigkeit. Das kleine Logierhausgewerbe ist durch die völlig unzureichenden Einnahmen des Vorjahres so geschwächt, daß wohl fast jeder mit Sorgen ... an die kommende Saison denkt.«[1]

Auch die Muse blieb nicht von den Auswirkungen der Inflation verschont. Als im Mai 1923 eine Westerländer Laienspielgruppe ein Theaterstück vor Morsumer Publikum aufführte, waren nicht nur 84000 Mark, sondern auch 35 Landeier in der Abendkasse.

Weitaus ernster waren die Folgen auf dem Sylter Immobilienmarkt. Viele Häuser mußten verkauft werden. Mit besonderem Argwohn registrierten es die Sylter, wenn dänische Bürger mit ihrem günstigen Devisenkurs als Käufer auftraten, und mit Freude stellten sie dann später fest, daß nach Einführung der Rentenmark viele »Dänenhäuser« wieder in deutsche Hände gelangten[2].

Das einzige, was trotz aller wirtschaftlichen und politischen Veränderungen eine ungebrochene Tradition aufwies, war der an die Wilhelminische Ära anknüpfende, jährlich wiederkehrende Veranstaltungsplan der Westerländer Kurverwaltung. Auf dem historischen Hintergrund der Zeit erscheinen die annoncierten gesellschaftlichen Ereignisse – Kinder- und Backfischbälle, Réunions, Operettenabende, Galabälle und Artistenauftritte »auf Dielen, denen man schöne altfriesische Namen wie Trocadero, Bristol oder Astoria beigelegt« hatte – stark anachronistisch[3]. Deshalb ist es auch nicht verwunderlich, und es rundet nur das geistig-gesellschaftliche Bild dieser Epoche ab, wenn sich der bekannte expressionistische Schriftsteller Walter Hasenclever nur einmal (1919) mit einer Antikriegsdichtung einen Platz im Veranstaltungskalender sichern konnte[4].

Es muß allgemein eine hektische Atmosphäre geherrscht haben, und auch die auf der Insel auftretende sommerliche Gesellschaft war nicht mehr die gleiche wie in der Vorkriegszeit. Ein illustratives Bild vermittelt uns indirekt ein Klagebrief eines Westerländer Gastronomen, in dem er forderte, daß wieder »Anstand und Sitte in der Badeanstalt einkehren« müßten, denn einige Gäste seien »schon vormittags betrunken und trieben dort haarsträubenden Unsinn«. Auch beklagte er das ausgeprägte Nachtleben und den bis in den Morgen andauernden Lärm auf den Straßen. »Aber noch schlimmer ist die Nepperei in den Nachtlokalen. Wir kommen in den Verruf, das teuerste und unsolideste Bad zu sein.«[5]

Als man 1923 durch einen währungspolitischen Schnitt die Wirtschaft des Reiches auf eine neue finanzielle Grundlage stellte, hofften auch die Sylter, daß sich hier das »Wunder der Rentenmark« zeigen würde. Doch beweisen die kaum ansteigenden Angaben über die Frequenz der Badeorte auf der Insel von 1924 bis 1927, daß das Warten auf das Wunder vergeblich gewesen war. Steigende Arbeitslosigkeit, fehlendes Kapital der Hausbesitzer für die notwendigen Reparaturen waren die Folgen. Es ist wohl nicht übertrieben, wenn die Sylter Zeitung schreibt: »Am besten wußten die Vollziehungsbeamten, wo der Schuh drückte.«[6]

Neben dem Fremdenverkehr nahm die Landwirtschaft im Sylter Wirtschaftsleben einen wichtigen Platz ein. Vor allem im Osten der Insel war sie der wichtigste Erwerbszweig. Wenn auch in der ersten Nachkriegsphase die Bauern wegen ihrer eigenen Nahrungsmittelproduktion im Gegensatz zur übrigen Bevölkerung sich relativ gut stellten, so darf doch darüber nicht vergessen werden, daß die Landwirtschaft starke Substanzverluste – vor allem in der Kriegszeit – erlitten hatte[7]. Zudem forderte der Wandel von den alten Formen der Naturalwirtschaft zu moderneren Arbeitsmethoden einen erheblichen Kapitalaufwand.

Der Währungsschnitt im November 1923 war für die Landwirtschaft besonders ungünstig, da sie einen großen Teil der Ernte gegen wertloses Papiergeld abgegeben hatte, so daß nun das nötige Kapital für die nächste Ernte weitgehend fehlte. Höhere Zins-, Steuer- und Sozialabgaben ka-

men hinzu, und das zu einer Zeit, in der sich der Phosphatdünger wesentlich verteuerte, aber die meisten Preise für landschaftliche Produkte wegen der zunehmenden Einfuhren eine fallende Tendenz aufwiesen. Besonders die Klein- und Mittelbetriebe, mit denen wir es auf Sylt zu tun haben, konnten sich während dieser Zeit keine gesunde wirtschaftliche Basis erarbeiten. So ist es verständlich, daß von seiten der Sylter Landwirtschaft der Dammbau mit zwiespältigen Gefühlen betrachtet wurde. Einerseits erhoffte man sich von ihm wegen geringerer Transportkosten eine Verbilligung des Phosphatdüngers, andererseits aber fürchteten die Landwirte die starke Konkurrenz vom Festland, von der sie bisher weitgehend verschont geblieben waren.

Der Reichspräsident als Pate
Der Bau des Hindenburgdamms

Der Fremdenverkehr hatte sich im Anfang des 20. Jahrhunderts zum wichtigsten Erwerbszweig der Insel herausgebildet. Der Weltkrieg hatte diese Entwicklung jäh unterbrochen. Als weitere Schwierigkeit kam hinzu, daß durch die politische Veränderung im nordschleswigschen Raum die – an sich schon unbequeme – Verkehrsader durch die neue deutsch-dänische Grenze durchschnitten worden war; denn den größten Teil der Gäste und der benötigten Versorgungsgüter hatte die Linie Hoyer–Munkmarsch zugeführt.

So war es nicht verwunderlich, daß nun die Regelung dieses Problems im Vordergrund stand. Zwar hatten schon vorher Pläne bestanden, nach denen Sylt durch einen Eisenbahndamm mit dem Festland verbunden werden sollte; doch wurden sie von der politischen Entwicklung durchkreuzt. Da indessen diese Lösung mit erheblichen Kosten verbunden war, betrachtete man auf Sylt nach der Abtretung Nordschleswigs den Dammbau als Fernziel, und man ging gleichzeitig daran, die vorhandene Verkehrssituation zu verbessern, da sie die entscheidende Voraussetzung für den wirtschaftlichen Wiederaufschwung war.

Während der nationalen Abstimmungsphase breitete sich auf Sylt ein gedämpfter Optimismus aus, da man von seiten des Reiches finanzielle Hilfsmaßnahmen für die Bäderwirtschaft in Aussicht stellte und außerdem noch versprach, die unterbrochenen Planungsarbeiten für die Dammverbindung wieder aufzunehmen. Daß bei diesen Versprechungen weitgehend propagandistische Motive gegen die wirtschaftlichen Argumente der dänischen Seite eine Rolle spielten, merkten die Sylter erst später: »Vor der Abstimmung ist den Syltern versprochen worden, ihnen alle erdenklichen Vorteile und Vergünstigungen zu gewähren, wenn durch die günstige Abstimmung die Insel ... dem Reich erhalten bliebe. Von den Versprechungen ist bisher bitter wenig eingelöst worden. Aus dem Grenzfonds sind der Insel nur geringe Bruchteile zugeflossen, und für eine Verkehrsverbesserung ist nicht das Geringste getan worden.«[1]

Vorerst gab es für Fahrten durch den »dänischen Korridor« – die Strecke Hoyerschleuse–Tondern–Süderlügum – von seiten der Internationalen Kommission strenge Paß- und Visumvorschriften. Außerdem wurden der Personen- und Frachtverkehr durch hohe Abgaben belastet. Durch Verhandlungen zwischen Dänemark und dem Reich wurde erreicht, daß an den sogenannten paßfreien Tagen die Wagen plombiert wurden, so daß die Reisenden auf diese Weise das dänische Gebiet passieren konnten.

Einen Eindruck von den Schwierigkeiten einer Syltreise vermittelt uns der – allerdings von nationaler Intoleranz geprägte – Bericht eines Kurgastes, der 1921 die Insel besuchte. »Wer jetzt mit der Eisenbahn nach Sylt fährt, der muß durch ein Stück des neuen Dänemark hindurch und befindet sich ungefähr zwei Stunden lang unter der Herrschaft Friedrichs V. Es kann auch übrigens Christian VII. sein, ich weiß es im Augenblick nicht so genau, aber das ist ja ganz dasselbe. Also, bei Süderlügum kommt der Schaffner mit einer großen Zange und knipst an jede Tür des Zuges ein großes Bleisiegel ... Und von da ab sind wir in Skandinavien, was man aber der Landschaft, der Vegetation usw. nicht anmerken kann. Man merkt es nur an den dänischen Inschriften und Tafeln, die von den neuen Besitzern mit großem Eifer und offenbar mit großer Eile überall angebracht worden sind. In Hoyerschleuse werden wir durch eine dänische Mannschaft in eine große Wartehalle geführt und dort in Ketten gelegt. Das heißt, es bekommt nicht etwa jeder einzelne Ketten in die Hände, sondern es werden vor die Türen Ketten gespannt, und an jede Tür tritt ein Posten. Dieser Posten hat auf alle Fälle eine Flinte bei sich, und so bewaffnet hütet er uns Deutsche, die in der Halle warten müssen, bis der deutsche Fährdampfer kommt.«[2]

Damit waren aber die Strapazen einer Syltreise keineswegs immer überstanden; denn es kam nicht selten vor, daß sich durch widrige Wasserverhältnisse die Abfahrt oder Ankunft des Dampfers verzögerte, und die Reisenden waren gezwungen, in Hoyer zu übernachten. Der dann erforderliche Paß war mit Kosten und umständlichen Formalitäten verbunden. Eine gewisse Erleichterung brachte die Kostenübernahme des »Kronenzuschlags« durch das Reich ab Januar 1923. Allerdings wurde die Freude der Syltreisenden getrübt, als man feststellen mußte, daß in der Subventionierung nicht die Überführungsgebühr von der Eisenbahn zu der Dampferanlegestelle in Hoyer enthalten war, die immerhin noch so hoch war, daß sie die Preise wesentlich belastete.

Hinzu kam – bedingt durch die Inflation – das Währungsgefälle, da die anfallenden Kosten in dänischen Kronen entrichtet werden mußten. Als dann noch als Folge der Inflation der Kleinbahnverkehr auf den Strecken Westerland–Keitum, Westerland–Hörnum und Westerland–List zeitweilig eingestellt werden mußte, sah die Zukunft für die Sylter recht düster aus[3]. So ist es auch verständlich, daß sie den Dammbau mit großer Aufmerksamkeit verfolgten.

1920 begannen die Arbeiten, im Herbst 1922 konnte bereits die Strecke Niebüll–Klanxbüll dem Verkehr übergeben werden, und gleichzeitig baute man die Strecke von Westerland nach Nösse, der Ostspitze der Insel aus. Trotz einiger naturbedingter Rückschläge konnte der 11 Kilometer lange Damm durch das Wattenmeer wie geplant vollendet werden.

Am 1. Juni 1927 übergab der Reichspräsident von Hindenburg unter großem Zeremoniell die Strecke dem Verkehr. Für die Sylter war es

Anlaß genug, ein großes Volksfest zu feiern, war doch durch die Dammverbindung eine wichtige Voraussetzung für die wirtschaftliche Existenz der Insel geschaffen worden. Doch auch kritische Stimmen wurden laut. So fürchteten einige, daß sich die durch den Damm veränderten Strömungsverhältnisse bei Sturmfluten verhängnisvoll auf die Substanz der Insel auswirken und zu großen Landverlusten führen könnten. Eine andere Gruppe wiederum prophezeite den Untergang der friesischen Kultur, da der Damm der Überfremdung Tür und Tor öffne. Daß aber diese Stimmen nicht dominierend werden konnten, macht ein Überblick über die wirtschaftliche Situation der Insel verständlich. Die Inselbevölkerung hoffte gebannt auf einen wirtschaftlichen Aufschwung durch den Dammbau.

1929—1933

Die gewaltsame Lösung
politischer Gegensätze

Wilhelm Lobsien: Nordmark (1920), fünfte Strophe

Sie müssen uns doch unser Allerheiligstes lassen,
wir tragen es in unsern Herzen verwahrt:
Unsere Heimatliebe!
Tief tragen wir sie, tief, tief und fest verwahrt.
Doch nicht versteckt! Als leuchtendes Banner
Soll sie hochauf durch die Lande grüßen,
Den Starken ein Stolz und den Schwachen ein Trost.
    Und dann mögen sie kommen!

Kurt Tucholsky: Das dritte Reich (1930), dritte Strophe

Im dritten Reich ist alles eitel Glück.
Wir holen unsre Brüder uns zurück:
die Sudetendeutschen und die Saardeutschen
und die Eupendeutschen und die Dänendeutschen . . .
Trutz dieser Welt! Wir pfeifen auf den Frieden.
Wir brauchen Krieg. Sonst sind wir nichts hienieden.
Im dritten Reich haben wir gewonnenes Spiel.
Da sind wir unter uns.
                        Und unter uns, da ist nicht viel.
Da herrscht der Bakel und der Säbel und der Stock –
da glänzt der Orden an dem bunten Rock,
da wird das Rad der Zeit zurückgedreht –
wir rufen »Vaterland!«, wenn's gar nicht weiter geht . . .
    Da sind wir alle reich und gleich,
    im dritten Reich.

Sieg für »Heimat und Wirtschaft«
Die politische Entwicklung Sylts 1929/30

Wie wir bereits feststellten, vollzog sich auf der Insel seit der Reichstagswahl von 1928 ein zunehmender Prozeß der parteipolitischen Strukturierung. Dieser Vorgang, der im kommunalen Bereich von der SPD eingeleitet worden war, wurde ab 1928 durch den organisatorischen Ausbau der KPD verstärkt. Der kommunistischen Ortsgruppe Sylt (1928) folgte noch im gleichen Jahre die Gründung der Sozialorganisation »Rote Hilfe«, und im März 1929 bildete sich in Westerland eine Ortsgruppe des »Roten Frontkämpferbundes«, in der sich ehemalige Soldaten des Weltkrieges zusammenfanden. Damit hatten sich die Kommunisten eine Basis geschaffen, von der aus sie ihre weitere politische Agitation ausüben konnten[1].

So trat bei der *Gemeindewahl vom 17. November 1929* neben der SPD die KPD auf. Während die Sozialdemokraten jedoch nur in Westerland kandidierten, stellten sich die Kommunisten auch noch in Tinnum zur Wahl. Der kommunale Politisierungsprozeß blieb also zunächst auf diese beiden Orte und die sozialistischen Parteien beschränkt. Denn im übrigen Bereich der Insel gab es wiederum nur Listenverbindungen, doch zeigte das Vorhandensein mehrerer Listen in manchen Orten, daß – aus welchen Gründen auch immer – die kommunalen Probleme differenzierter gesehen wurden.

Bei der Kommunalwahl 1929 verlor die SPD – im Gegensatz zum allgemeinen Wahltrend dieser Zeit – von ihren bisherigen 6 Mandaten 2. Sie konnte in Westerland nur 439 Stimmen erreichen, während die drei bürgerlichen Listen mit 916 Stimmen 10 Mandate erhielten[2].

Die zunehmende Verschlechterung der wirtschaftlichen Lage mochte einige Sylter veranlassen, eine Besserung zunächst noch von einer linksradikalen Lösung zu erhoffen. Diese Tendenz spiegelt sich im Erfolg der Kommunisten wider, die in Westerland und in Tinnum erstmals mit je einem Abgeordneten in die Kommunalvertretungen einziehen konnten.

Die Gründe für den ungewöhnlichen Stimmenverlust der Westerländer SPD sind teilweise in einem lokalen Vorgang zu suchen. So geriet der der SPD nahestehende Konsumverein 1928 in Konkurs, und dafür wurden die Mitglieder mit je 30 RM belastet, einer Summe, die diesen nicht gerade begüterten Kreis bei der damaligen Wirtschaftslage besonders hart traf[3].

Auch bei den am gleichen Tage stattfindenden *Kreistagswahlen* zeichnete sich etwa die gleiche Entwicklung ab. Bei dieser Wahl trat neben der SPD ebenfalls zum erstenmal die KPD auf, die 129 Wähler auf der Insel für sich gewinnen konnte, wobei sich – wie bei der Gemeindewahl –

43

der Ostbezirk von Westerland und Tinnum als Schwerpunkte herausbildeten[4].

Eine noch mehr modifizierte Aussage über die politische Haltung der Sylter lassen die Ergebnisse der *Provinziallandtagswahl* zu, die zum selben Zeitpunkt stattfand und für die die NSDAP Kandidaten aufgestellt hatte. Auch hier war die politisch indifferente Listenverbindung »Heimat und Wirtschaft« mit Abstand (1393 Stimmen) die Gewinnerin, gefolgt von der SPD (637), der KPD (150) und der Wirtschaftspartei (138). Aus dieser Wahl läßt sich aber erkennen, daß dem Anwachsen der KPD kein Erfolg der NSDAP gegenüberstand. Während die Nationalsozialisten vor allem in den bäuerlichen Bezirken Schleswig-Holsteins größere Erfolge für sich verzeichnen konnten, blieben sie auf Sylt mit 46 Stimmen weiterhin eine Splitterpartei. Auch im Gegensatz zum festländischen Teil des Kreises Südtondern, wo die NSDAP durch die Radikalisierung und den Bombenterror der Landvolkbewegung in den ländlichen Bezirken profitierte und so mit 617 Stimmen als viertstärkste Partei aus der Wahl hervorging, ließen sich die Sylter durch diese Vorgänge kaum beeindrucken[5].

»Die Lage ist trostlos«
Die wirtschaftliche Situation Sylts von 1927 bis 1933

Anfangs schien der mit der Inbetriebnahme des Dammes verbundene Optimismus von seiten des *Fremdenverkehrs* gerechtfertigt zu sein, denn die Zahl der Gäste nahm im Sommer 1927 – allerdings nur in begrenztem Umfang – zu. Trotzdem verbesserte sich die Lage nicht, da das Bettenangebot größer geworden war und viele Zimmer deshalb nicht vermietet werden konnten. Das hatte zur Folge, daß sich Pensionsinhaber gegenseitig unterboten, so daß bei diesem ruinösen Wettbewerb kaum mehr die Selbstkosten herauskamen. Hinzu kam, daß die Gäste sich auf die allernotwendigsten Ausgaben beschränkten. Es ist daher nicht verwunderlich, wenn man Umsatzeinbußen von 30 bis 40 Prozent verzeichnen mußte.

Daß in den Jahren von 1927 an Publikumslieblinge wie Richard Tauber, Albert Bassermann, Willy Fritsch, Bubi Scholz und Marlene Dietrich »mit Tochter« (Abbildung Seite 47) auf Sylt Urlaubstage verbrachten, mochte der Insel den kurzfristigen Glanz vermehrter Publizität verleihen, brachte jedoch keine nennenswerte Besserung.

Diese gesamte Entwicklung hing natürlich eng zusammen mit der sich ab 1929 zusehends verschlechternden Wirtschaftslage des Reiches. Doch von ihren Auswirkungen wurde der Sylter Fremdenverkehr besonders hart betroffen, weil er sich nach dem Kriege nie wieder grundlegend erholt hatte; denn auch die sogenannten »guten Jahre« der Weimarer Republik waren an der Insel vorbeigegangen. Außerdem hatte sich die soziale Zusammensetzung der Kurgäste verändert. Die Insel wurde nach Aussage der Badeberichte in zunehmenden Maße von mittleren und höheren Beamten besucht, einem Personenkreis also, der besonders von den Sparmaßnahmen der Reichsregierung betroffen wurde[1].

Ein weiterer Grund für die wirtschaftliche Misere ist in den ungünstigen Witterungsverhältnissen zu suchen. So wurde die Saison 1928 durch schlechte Witterungseinflüsse stark beeinträchtigt, und 1930 »war das Wetter so schlecht, wie seit vielen Jahren nicht, so daß die Gäste, als ein Ende der Schlechtwetterperiode nicht abzusehen war, beinahe fluchtartig die Insel verließen«[2]. Als überdies ab 1931 die Gästezahlen rückläufig wurden und auch die weitere Zukunft wegen der allgemeinen Entwicklung pessimistisch gesehen wurde, verbreitete sich auf Sylt eine Atmosphäre der Verzweiflung[3].

Eine ähnliche Situation läßt sich auch für die *einheimischen Handwerksbetriebe* nachweisen, die durch Auftragsmangel und Preiszerfall, aber gleichbleibende steuerliche und soziale Belastungen in eine schwere Krise geraten waren. Besonders das Baugewerbe litt unter den fehlenden privaten und öffentlichen Aufträgen. So ist es nicht verwunderlich, wenn die spärlichen Projekte in die Spalten der hiesigen Zeitungen gelangten, wobei immer wieder betont wurde, daß alle Arbeiten von Sylter Handwerkern ausgeführt werden sollten. Überhaupt wehrte man sich mit großer Vehemenz gegen jede Auftragsvergabe an festländische Firmen, indem man an das Gemeinschaftsgefühl der Insulaner appellierte[4].

Ein treffendes Bild dieser Epoche zeichnete der Westerländer Bürgermeister in einer Rede vor den Stadtverordneten im Herbst 1931: »Die allgemeine Lage ist trostlos, sowohl was die Erwerbslosen angeht, als auch die Hausbesitzer, die vielfach nicht wissen, wie sie ihre Familien in den kommenden Wintermonaten ernähren sollen, und die Gewerbetreibenden, von denen viele am Rande des Ruins stehen.«

Wenn sich hier etwas ändern sollte, dann konnte Hilfe nur von außen kommen. Schon 1929 beklagte man sich, daß die staatlichen Stellen nicht genügend Rücksicht auf das Wirtschaftsleben der Bäder nähmen, und man erwartete Hilfsaktionen, »um den Ruin heute noch selbständiger Existenzen« abzuwenden[5]. Dieser allgemeine Klageruf wurde später konkretisiert, als Stellen der Insel ihre Forderungen an das Reich richteten. Man verlangte die Umwandlung der Kredite für Hausbesitzer in langfristige, eine wesentliche Senkung der Hauszinssteuer, da die Häuser nur während weniger Wochen in der Saison einen Gewinn abwerfen, und Gelder für die Instandhaltung der Gebäude. Hinsichtlich des Vollstreckungsschutzes forderte man eine ähnliche Rechtsposition wie die Landwirtschaft[6].

Daß besonders für die letzte Forderung ein dringendes Bedürfnis vorlag, beweisen die fast täglich in der Zeitung veröffentlichten Zwangsversteigerungen und Pfändungen. Und es erscheint durchaus glaubwürdig, daß in diesen Jahren die Gerichtsvollzieher die am meisten beschäftigten Leute der Insel waren.

Eine weitere, immer wieder erhobene Forderung der Sylter war der Abbau des »Dammzuschlags«, da er die Wirtschaft stark belastete. Diese Abgabe, die im Personen- und Frachtverkehr erhoben wurde, war vom Reich eingeführt worden und diente dazu, die Bau- und Unterhaltungskosten sowie Tilgung und Verzinsung für den Hindenburgdamm aufzubringen[7]. Doch auch in dieser Hinsicht zeigten die staatlichen Stellen vorläufig keine Einsicht. Die erste Konzession machten die Nationalsozialisten, als sie ab 15. September 1933 den ständigen Einwohnern Sylts für Fahrten zu den Behörden in Niebüll und Leck den Dammzuschlag erließen. Doch zu weiteren Erleichterungen war auch das neue Regime zunächst nicht bereit. Erst ab 1. Mai 1938 wurde der Zuschlag um 20 Prozent gesenkt und zu Beginn des Jahres 1940 ganz abgeschafft[8].

Die schlechte wirtschaftliche Lage traf in besonderem Maß die *Arbeitnehmer*. Denn auf Sylt herrschte eine Arbeitslosigkeit, »wie wir sie in

solchem Umfang und mit so bedrohlichen Folgen hier noch nicht gesehen haben«. Dieses Urteil der Sylter Zeitung wird voll bestätigt, wenn man sich die im Anhang dieser Arbeit wiedergegebene Statistik ansieht. Aus dem Zahlenmaterial können wir entnehmen, daß selbst während der Sommermonate die Zahl der Erwerbslosen kaum zurückging. Auch der Aufruf von seiten der Stadt, bevorzugt einheimische Kräfte als Saisonpersonal einzustellen, beeinflußte die Situation nur unwesentlich[9].

Daß aber auch die auswärtigen Saisonarbeiter nicht immer voll auf ihre Kosten kamen, verspürte besonders die Berufsgruppe der Eintänzer. So können wir lesen, daß »die Meister des Tangos ihre Wirkungsstätten in Westerland ärmer verließen, als sie gekommen waren«. Zwar versuchten sie, da auch die freiwilligen Honorare nicht erwartungsgemäß ausgefallen waren, ein ortsübliches Entgelt vor dem Arbeitsgericht einzuklagen, doch hatte die Justiz wenig Einsehen mit ihnen[10].

Eine ähnlich negative Bilanz läßt sich auch für die Sylter *Landwirtschaft* ziehen, nur daß ihre akute Notlage schon von 1927 datierte, während in der gewerblichen Wirtschaft die Krise erst zwei Jahre später einsetzte.

Hohe Zinsen für die seit 1923 aufgenommenen Kredite und fallende Preise für die meisten Agrarprodukte führten in der gesamten schleswig-holsteinischen Landwirtschaft zu einer starken Verschuldung. Verschärfend kam hinzu, daß ab 1929 durch die starke Arbeitslosigkeit die Kaufkraft rapide sank. Andererseits wurde der Unterschied in der Preisentwicklung zwischen industriellen und landwirtschaftlichen Produkten immer größer. So ist es nicht verwunderlich, daß Zwangsversteigerungen und Pfändungen an der Tagesordnung waren.

Abgesehen von der allgemeinen landwirtschaftlichen Situation im Norden kam für die Sylter noch hinzu, daß der Absatz im Sommer wegen der schlechten Saison hinter den Erwartungen zurückblieb und die Bauern jetzt der starken festländischen Konkurrenz ausgesetzt waren[11].

Wenn auch einige staatliche Hilfsmaßnahmen durchgeführt wurden, so konnten sie doch nicht die Lage grundlegend ändern. Deshalb versuchten die Kommunen, die härteste Not zu lindern. Doch auch hier waren die Mittel wegen der stark verminderten Einnahmen nur begrenzt. Durch Aufforstungen im Norden und Süden von Westerland sowie durch die Vergabe von Dünen- und Uferschutzarbeiten und Wegebau durch die Gemeinden konnten einige Leute beschäftigt werden[12].

Weit wirkungsvoller war die Einrichtung einer städtischen *Notstandsküche* im Dezember 1930, die weite Teile der Bevölkerung mit billigem Essen versorgte und außerdem 60 unterernährte Kinder kostenlos verpflegte. Die Statistik dieser Einrichtung spiegelt ebenso die wirtschaftliche Not dieser Zeit wider wie die mit behördlicher Genehmigung durchgeführte Strandholzaktion, bei der Erwerbslose und Wohlfahrtsempfänger das am Strand liegende Kleinholz unentgeltlich einsammeln durften[13].

Typisch für diese Zeit sind auch die zahlreichen Gründungen von *Selbsthilfeeinrichtungen durch die Erwerbslosen*. So schloß man sich zu einer Notgemeinschaft zusammen, um Lebensmittel und Brennmaterial billiger zu bekommen, bewarb sich um Land für Kleingärten und gründete im kleinen Rahmen eine Fischereigenossenschaft[14].

Je stärker der wirtschaftliche Druck wurde, desto intensiver beschäftigten sich kommunale und auch private Stellen mit neuen Plänen, um die Lage etwas zu mildern. So wurde der von privater Seite stammende Entwurf für den Bau eines offenen Schwimmbades lebhaft diskutiert. Es sollte zwischen der Westerländer Promenade und dem Kurmittelhaus im Anschluß an das Nordbad als warmes Seewasserschwimmbad errichtet werden.

Ein anderer Vorschlag befaßte sich mit dem Ausbau der Kurpromenade, und zwar wollte man die obere Terrasse vor den damaligen Strandhallen um einige Meter vorziehen, so daß in dem »Zwischendeck« eine große Wandelhalle, 600 Badekabinen mit zahlreichen Nebenräumen untergebracht werden konnten[15].

Weitere Pläne beschäftigten sich mit dem Ausbau des verfallenden Munkmarscher Hafens für den Segelsport, mit dem Bau einer Autostraße von List nach Hörnum und mit einer Straßenverbindung parallel zum Hindenburgdamm zwischen Sylt und dem Festland [16]. Der Gesichtspunkt einer wirkungsvollen Reklame für den Fremdenverkehr war wohl das Motiv der Westerländer Kurverwaltung, als sie 1929 Professor Oberth anbot, seine Raketenexperimente auf Sylt durchzuführen [17].

Einen sehr breiten Raum in der Diskussion um die Arbeitsbeschaffung nahm die *Eindeichung* des bei Hochwasser stets überschwemmten *Südteils von Nösse* ein. Die Pläne hierfür gingen auf das Jahr 1928 zurück. Sie sahen vor, daß Gebiet durch einen etwa 13 Kilometer langen Deich zu schützen. Nach langem Hin und Her wurde das Projekt vorläufig abgelehnt, weil die Landbesitzer die auf sie zufallenden Kosten wegen der geschilderten katastrophalen Lage der Landwirtschaft nicht tragen konnten [18].

Die Frage des Deichbaus geriet immer stärker ins politische Fahrwasser. So lehnten ihn die Vertreter aus dem sozialistischen Lager ab, weil er mit Hilfe des Freiwilligen Arbeitsdienstes ausgeführt werden sollte und somit für die Sylter Wirtschaft keine wesentliche Entspannung des Arbeitsmarktes bedeutet hätte. »Der Deich muß eine eigene Arbeit der Insel Sylt sein, nach eigenen fachmännischen Ideen ausgeführt, eine Arbeit, an der alle Dörfer mit ihren Bauern, Söhnen, Gespannen und Arbeitslosen mitarbeiten«, meinte der damalige SPD-Abgeordnete Andreas Nielsen in der Westerländer Stadtvertretung [19]. Für die Nationalsozialisten, die wegen ihrer fehlenden parlamentarischen Vertretung durch Zeitungskampagnen in die Diskussion eingriffen, spielte dieser wirtschaftliche Gesichtspunkt keine Rolle. Für sie war das ideologische Schlagwort von der »Erweiterung des deutschen Lebensraumes« das ausschlaggebende Motiv, diesen Plan zu befürworten.

Zusammenfassend läßt sich also feststellen, daß die wirtschaftliche Situation der Insel Sylt auf allen Gebieten und für alle Bevölkerungskreise katastrophal war. Damit war in der Endphase der Weimarer Republik – wie der Soziologe Rudolf Heberle feststellte – »nicht nur eine wesentliche Bedingung für das Entstehen, sondern auch für den Erfolg der nationalsozialistischen Bewegung« gegeben. »Hätte nicht jedermann um den Verlust seiner Stellung gezittert, so würde sich viel mehr Widerstand erhoben haben.« [20]

Hakenkreuze auf der Insel
Die politische Entwicklung Sylts von 1930 bis 1933

Als der *Reichstag* am 16. Juli *1930* aufgelöst wurde, ahnte wohl kaum ein Sylter, daß die *Neuwahl am 14. September* die politische Landschaft völlig verändern würde, denn von den im Reich zunehmenden tätlichen Auseinandersetzungen der politischen Gegner war die Insel bisher verschont geblieben. Auch die Sylter Kommunisten hatten sich verhältnismäßig ruhig verhalten.

Die Wahl im September 1930 wurde nicht nur im Reich, sondern auch auf der Insel von der schweren wirtschaftlichen Krise überschattet. So ist es auch verständlich, daß der Wahlkampf härter geführt wurde und die politisch nicht gerade temperamentvollen Insulaner sich stärker engagierten.

Mit Rücksicht auf die noch andauernde Saison begannen die Wahlvorbereitungen erst recht spät. Den Auftakt hierzu gab am 29. August die Reichspartei des deutschen Mittelstandes, für die der schleswig-holsteinische Spitzenkandidat auf einer schwach besuchten Versammlung sprach. Einen kleinen Vorgeschmack der sich anbahnenden politischen Konfrontation erhielten die Anwesenden, als auf dieser Veranstaltung der Reichspartei ein Sylter Kommunist seine politischen Parolen verkündete und die Mittelständler zur Zusammenarbeit aufforderte, »um ein Sowjet-Deutschland aufzubauen«. Auch auf einer Versammlung des Reichsbanners Schwarz-Rot-Gold am folgenden Tage sorgten die Kommunisten für Störungen und Zwischenrufe und brachten ihre Parolen an die Öffentlichkeit. Ähnlich verlief auch eine Veranstaltung der Sozialdemokraten.

Einen unerwartet ruhigen Verlauf hingegen nahm die von etwa 100 Personen besuchte Versammlung der KPD. Sie hatte sich wohl einen spektakulären Erfolg erhofft, denn an die »Führer der gegnerischen Parteien« waren schriftliche Einladungen verschickt worden, in denen ihnen eine uneingeschränkte Redezeit zugestanden worden war[1]. Doch blieben die Kontrahenten aus, so daß der Reichstagsabgeordnete Kippenberger mit seinen politischen Freunden von der Insel unter sich blieb. Doch wird seine in der Sylter Zeitung ausführlich wiedergegebene Rede ihre abschreckende Wirkung auf die bürgerlichen Kreise nicht verfehlt haben. Sie begann mit einem Loblied auf die Sowjetunion, setzte sich dann hart mit der SPD und der NSDAP auseinander, die als die rechten und linken Handlanger des Kapitalismus charakterisiert wurden, und endete mit dem Ausdruck der Überzeugung, daß bald eine Abstimmung kommen werde, von der sich die Bourgoisie nicht mehr erholen werde: eine Abstimmung mit der Knarre in der Hand. Das war eine Tonart, wie sie bisher auf der Insel noch nicht vorgekommen war. Sie hat sicherlich ihre Wirkung nicht verfehlt.

Mit weniger Aufsehen bewarben sich die Deutschnationale Volkspartei (DNVP) und die erst vor kurzem aus der Deutschen Demokratischen Partei, dem Jungdeutschen Orden und einigen christlichen Gewerkschaftsgruppen neu gebildete Deutsche Staatspartei um die Gunst der Wähler[2].

Ein völlig neuartiges Bild bot sich den Syltern, als am 3. September erstmalig die Nationalsozialisten in Westerland und Keitum auftraten. Wegen der tiefgreifenden Veränderungen, die diese Partei unmittelbar nach ihrem ersten Auftreten im politischen Leben der Insel bewirkte, ist es erforderlich, sich etwas ausführlicher mit ihr zu beschäftigen. Es stellt sich zunächst die Frage, welche Erwartungen die Sylter in diese Partei setzten. Da sie zum erstenmal Sylter Boden betrat, d. h. vorher noch keinen unmittelbaren Einfluß auf die Willensbildung ausüben konnte, ist es wichtig zu wissen, welchen Informationsstand die Sylter von dieser Partei hatten[3].

Der »uneigennützige, bescheidene, aufrechte« A. H.
Propagandistische Vorgefechte für die NSDAP in der Sylter Zeitung

Als wichtigste Informationsquelle der damaligen Zeit ist wohl die an anderer Stelle schon skizzierte Sylter Zeitung anzusehen. Der erste Bericht über die politische Bewegung Hitlers erschien darin bereits am 25. August 1923 unter der Überschrift: »Faszismus«[1]. Im Anschluß an eine Bemerkung über Mussolini hieß es: »Wenn man in Deutschland von Faszismus spricht, so denkt man dabei in erster Linie an die bayrischen National-Sozialisten Adolf Hitlers, den man wohl auch den deutschen Mussolini genannt hat. Auch Hitler war ehemals Sozialist und Kommunist, wie auch der größte Teil seiner Anhänger aus dem sozialistisch-kommunistischen Lager stammt ... Es ist deshalb auch nicht richtig, wenn man die deutschen Faszisten vielfach auch als Rechtsradikale bezeichnet. Die Münchener Hitlergarden tragen ... bei ihren Kundgebungen vielfach rote Armbinden mit dem Hakenkreuz, also eine Vereinigung des sozialistischen Symbols mit dem völkischen.« Wenn auch die Leser diesem Bericht nicht viel konkrete politische Information entnehmen konnten, so spiegelt er doch die breitgefächerten Zielvorstellungen dieser Partei wider, die »krause, eklektische Mischung« von politischen, nationalen und sozialen Parolen[2].

Im September des gleichen Jahrs wurde abwertend über die »nationalsozialistischen Haufen« berichtet, doch schon am 12. November 1923 widmet die Sylter Zeitung dem mißglückten Hitlerputsch in München eine Schlagzeile[3].

Dann trat in der Berichterstattung zunächst eine Pause ein, die erst im März 1924 unterbrochen wurde, als eine Artikelserie über den Hitlerprozeß erschien. Die Art der Darstellung – Hitler wurde als uneigennützig, bescheiden und aufrecht charakterisiert – hat sicherlich eine gewisse propagandistische Wirkung auf den Leser nicht verfehlt. Diese positive Haltung gegenüber Hitler ist auch in einem Bericht über sein Auftreten 1926 in Eutin nachweisbar, in dem es unter anderem heißt: »Objektiv betrachtet, muß man gestehen, daß die durchaus sachlichen, von tiefem Mitgefühl und Verstehen deutscher Not getragenen Worte ein Redeverbot für Hitler kaum verständlich erscheinen lassen.«[4]

Daß Hitler durch seine Prozesse, durch die aufgewirbelten Skandale und seine aggressive Taktik bewußt die Presse zur Berichterstattung herausfordern wollte, ist wohl den wenigsten Lesern deutlich geworden[5]. Und wenn die Sylter Zeitung in den folgenden Jahren in zunehmendem Maße über die nationalsozialistischen Umtriebe berichtete, so darf die positive propagandistische Wirkung dieser Chronik der Krawalle nicht unterschätzt werden. Meldungen über Schlägereien, Krawalle,

Beleidigungsprozesse, Saal- und Straßenschlachten, nationalsozialistische Demonstrationszüge, Raufereien und Schießereien gehörten in dieser Zeit zur täglichen Lektüre[6].

Sicherlich wird auch der Rundfunk dazu beigetragen haben, die politische Meinungsbildung der Sylter zu beeinflussen. Die inhaltlichen Einzelheiten der Sendungen sind jedoch nicht nachweisbar. Abgesehen davon, dürfen wir die propagandistischen Auswirkungen des Rundfunks nicht zu hoch ansetzen, da Sylt zu den peripheren Empfangsgebieten gehörte und die Hörerzahl sehr gering war: 1926 gab es 30 genehmigte Rundfunkgeräte, und 1930 betrug die Rundfunkdichte auf den nordfriesischen Inseln etwa 5 Prozent, in Westerland lag sie etwas höher[7].

Auch der Kontakt mit den Kurgästen, die vor allem aus von den Nationalsozialisten schon frühzeitig durchsetzten Großstädten kamen, wird den Prozeß der Meinungsbildung beeinflußt haben. Doch entzieht sich dieser Vorgang einer wissenschaftlichen Analyse.

Damit haben wir in groben Zügen den Informationsstand zu ermitteln versucht, den die Sylter von den Nationalsozialisten haben mußten, als diese die Insel betraten.

»Die Parteien am Ende – Hitler am Anfang«
Das Auftreten der NSDAP bei den Reichstagswahlen 1930

Bei der Wahlveranstaltung der NSDAP am 3. September 1930 trat der Landtagsabgeordnete und Gauleiter von Schleswig-Holstein, Hinrich Lohse, als Redner auf; er hatte sein Thema programmatisch formuliert: »Die Parteien am Ende – Hitler am Anfang.« Der Redner dürfte einigen Syltern namentlich bekannt gewesen sein, da er in Zusammenhang mit nationalsozialistischen Störaktionen in der Sylter Zeitung erwähnt worden war.

Bezeichnend für die strategische Konzeption der NSDAP ist es, daß sie ihren profiliertesten Vertreter aus Schleswig-Holstein in das politische Neuland der nordfriesischen Inseln schickte[1]. Während die Wahlversammlungen der anderen Parteien im allgemeinen nur mäßig besucht waren, konnten die Nationalsozialisten in Westerland einen überfüllten Saal für sich verbuchen, »eine Besucherzahl, wie wir sie hier seit langem nicht bei politischen Versammlungen erlebt haben«, so berichtete der Vertreter der Sylter Zeitung in einem ganzseitigen Artikel[2]. Er schätzte die Zahl der Anwesenden auf etwa 400. Schon an dieser hohen Besucherzahl zeigt sich die Wirksamkeit der Hitlerschen Propagandakonzeption.

Die Nationalsozialisten traten hier mit einer SA-Formation auf, die eigens zu diesem Zweck aus Husum beordert worden war, um den Syltern das Bild einer geschlossenen, disziplinierten Partei zu vermitteln.

Die Argumente des Redners bezogen sich nicht auf die speziellen Probleme der Insel, sondern waren mit denen identisch, die die Partei in Hunderten von Versammlungen benutzte. Dementsprechend trat sie auch hier »als eine vorwiegend im Negativen profilierte, militant geschlossene Gesinnungsgemeinschaft« auf, die »mit unermüdlicher Geduld Kampf gegen Novemberrevolution und Parlamentarismus, gegen ›Dolchstoß‹ und Versailles, gegen Kapitalismus und rationalistischen Materialismus, gegen Marxismus und demokratischen Liberalismus und vor allem gegen das Judentum predigte«[3].

Die von dem Redner in Anlehnung an die marxistische Verelendungstheorie vertretene These – je größer die Not werde, um so mehr Nationalsozialisten werde es geben – zeigt deutlich, daß diese Partei es darauf angelegt hatte, auch aus der wirtschaftlichen Notlage der Insel politisches Kapital zu schlagen. Den anwesenden Versammlungsteilnehmern blieb auch nicht die Intoleranz dieser Partei verborgen, als einem parteilosen Besucher ohne Angabe von Gründen das Wort zur Diskussion verweigert wurde.

Das war also der erste unmittelbare Eindruck, den die Sylter von der NSDAP bekamen. Daß die Saat ihrer radikalen Parolen auf einen günstigen Nährboden gefallen war, beweist die Rekordernte bei der Reichstagswahl vom September 1930. Denn die große Gewinnerin der Reichstagswahl war nun tatsächlich die NSDAP, die auf Sylt ihre 42 Stimmen von 1928 auf 1104 erhöhen konnte. Die Nationalsozialisten erwiesen sich damit – ebenso wie im Reich – »als die großen Nutznießer dieser ersten Krisenwahl, als der starke Magnet für ein buntes Heer von Unzufriedenen und Unpolitischen, von Aktivisten und Furchtsamen in allen Schich-

ten«[4]. Bemerkenswert ist, daß die Wahl auf Sylt mit 69 Prozent eine um 14 Prozent höhere Stimmbeteiligung erreichte als die letzte Reichstagswahl.

Doch die Ergebnisse dieser Wahl, die in das Ende der Saison fiel, lassen nicht ohne weiteres Rückschlüsse auf den politischen Standort der Sylter zu, da die Stimmlisten vielfach Namen von Saisonarbeitskräften aufwiesen und von den Kurgästen in starkem Maße auf Stimmschein gewählt wurde⁵. Nur die vom Fremdenverkehr in geringerem Umfang berührten Ostdörfer können mit ihren Resultaten eine schmale Basis abgeben, um die politischen Veränderungen auf der Insel zu interpretieren. Hierbei zeigt sich, daß die NSDAP jetzt auch in die bäuerlichen Bezirke der Insel eindringen konnte, eine Entwicklung, die vor allem auf Kosten der Mittel- und Rechtsparteien ging. Es besteht wohl kein Zweifel, daß die NSDAP auch in den anderen Sylter Gemeinden bei der einheimischen Bevölkerung stärkere Gewinne erzielen konnte, doch die angeführten Gründe lassen keine genauen Angaben zu.

Bei dieser Reichstagswahl erkennen wir zum erstenmal nicht nur auf Sylt, sondern auch im übrigen inselfriesischen Raum eine starke Rechtsradikalisierung; denn auf Föhr und Amrum war die NSDAP die mit Abstand stärkste Partei geworden, wobei wir auch hier den Anteil der Kurgäste berücksichtigen müssen⁶.

In weit geringerem Maße vollzog sich der Prozeß der Radikalisierung auf Seite der Linken. Die KPD konnte ihre ohnehin schon starke Position auf Sylt weiter ausbauen und 353 Stimmen erlangen. Sylt war damit der stärkste KPD-Schwerpunkt des gesamten Kreises, in dem diese Partei 472 Wähler für sich gewinnen konnte. Hier spiegelt sich deutlich der Erfolg ihrer Agitation wider. Der Schwerpunkt lag nach Aussage der vorhandenen Unterlagen zunächst auf Sylt; Föhr und Amrum lagen nicht im Aktionsfeld der KPD, so daß sie auf Föhr nur 19, auf Amrum 12 Stimmen bekam. Im März 1932 hielt die KPD zum erstenmal eine Versammlung auf Föhr ab, doch konnte sie dort bei keiner Wahl nennenswerte Erfolge erzielen, zumal sich ihr wahlstrategisches Konzept ab 1931 auf das Festland richtete, wo man aus der Not der Landarbeiter politisches Kapital zu schlagen hoffte⁷.

Die Sozialdemokraten konnten stimmenmäßig ihren Anteil halten, gingen allerdings nur als zweitstärkste Partei aus der Wahl hervor.

Zusammenfassend muß man feststellen, daß das entscheidende Ergebnis dieser Wahl darin liegt, daß die Nationalsozialisten in starkem Maße in den inselfriesischen Raum eindringen konnten. Daß die Partei – ermutigt durch den Erfolg – künftig alles dransetzte, weiteres politisches Terrain zu erobern, lag auf der Hand. Da sie die Willensbildung der Sylter in den nächsten Jahren entscheidend beeinflußt, ist es zunächst einmal wichtig, zu untersuchen, mit welchen psychologischen Mitteln und organisatorischen Maßnahmen sie dieses Ziel verfolgte.

»In musterhafter Ordnung und Disziplin«
NS-Agitation und Propaganda

Auch auf Sylt wußten die Nationalsozialisten die Presse für ihre Ziele zu gebrauchen. So spiegelt sich ihre politische Aktivität in einer Fülle von Anzeigen, Berichten von Wahlveranstaltungen und Mitgliederversammlungen wider. Dagegen verblaßte das publizistische Bild aller anderen Parteien. So läßt sich bei der Lektüre der Sylter Zeitung nachweisen, daß vor allem in den Jahren 1932/33 kaum ein Tag verging, an dem nicht irgendein lokales Ereignis über die Nationalsozialisten zu lesen war.

Daß dieses propagandistische Mittel seine Wirkung nicht verfehlte, zeigen die für Sylter Verhältnisse erstaunlich hohen Besucherzahlen bei nationalsozialistischen Versammlungen. Sie treten noch krasser in Erscheinung, wenn man in dieser Hinsicht Vergleiche mit den anderen Parteien anstellt. Während bei den NS-Kampagnen in Westerland Besucherzahlen von 500 bis 700 Personen zu verzeichnen waren – selbst auf den Dörfern wie zum Beispiel in Morsum konnte man etwa 450 Leute mobilisieren –, schwand bei den traditionellen bürgerlichen Parteien die Publikumswirksamkeit. Besonders deutlich trat dieser Vorgang in Erscheinung, als im März 1932 eine Versammlung des Wahlblocks Schwarz-Weiß-Rot so schwach besucht war, daß man auf den ursprünglich vorgesehenen Saal verzichten und sich im kleineren Kreise unterhalten konnte, während eine am gleichen Abend in Archsum abgehaltene Versammlung der NSDAP »einen bis auf den letzten Platz besetzten Saal« für sich buchen konnte, ein Vorgang, der natürlich von den Nationalsozialisten weidlich hochgespielt wurde [1].

Die Versammlungen der SPD hingegen waren in dieser Zeit noch gut besucht, und ebenso konnten die Kommunisten sich nicht nur auf ihr Stammpublikum verlassen, sondern auch größere Teile der Inselbevölkerung mobilisieren [2].

Der pseudomilitärische Rahmen der NS-Veranstaltungen bildete ein weiteres Mittel der Propaganda. In den Anfängen bediente man sich der Schützenhilfe der festländischen SA und auswärtiger Spielmannszüge, später konnte man auf den eigenen insularen Bestand zurückgreifen. Auch die Werbemärsche der SA – teilweise mit Pferden und Spielmannszug – durch die Westerländer Straßen waren ein spektakuläres Ereignis, das sich sicherlich im Votum der Wähler niederschlug. Keine Gelegenheit wurde ausgelassen, sich in der Öffentlichkeit zu zeigen. So legte am Volkstrauertag 1932 die NSDAP nicht nur in Westerland, sondern auch in anderen Inselorten Kränze nieder. Ebenso war die Aufhebung des vorübergehend verhängten SA- und Uniformverbots Anlaß genug, demonstrativ aufzutreten. Man besuchte in Uniform den sonntäglichen

Gottesdienst, marschierte dann »in musterhafter Ordnung und Disziplin« – »wobei die Truppe auf den Straßen an manchen Stellen mit Heilrufen und dem Hitlergruß Wartender empfangen wurde« – zum Ehrenfriedhof, um dort mit großem Zeremoniell der Toten des Weltkrieges zu gedenken[3].

Während alle anderen Parteien sich in ihrer Tätigkeit durchweg auf die Stadt Westerland beschränkten, benutzten die Nationalsozialisten fast alle Ortschaften der Insel als politisches Wirkungsfeld. Als Musterbeispiel dafür, wie massiv die NSDAP alle Mittel der Agitation anwandte, kann die *Reichspräsidentenwahl am 13. März 1932* herangezogen werden. So erschien die erste Erklärung von Seiten der NSDAP zur Wahl am 18. Februar 1932 in einem Bericht über eine Mitgliederversammlung in der Sylter Zeitung, dann traten die Nationalsozialisten am 21. Februar am Volkstrauertag mit verschiedenen Kranzniederlegungen öffentlich auf und informierten hierüber die Presse. Mit einer Anzeigenkampagne am 2., 4., 7., 9. und 11. März rührte man wiederum die politische Werbetrommel. Es folgten dann öffentliche Wahlveranstaltungen in List (7. März), Kampen (8. März) und Archsum (9. März), die durchweg gut besucht waren. Am 11. März veranstaltete die Sylter SA einen Werbemarsch durch die Straßen Westerlands, wobei eine Musikkapelle und Fahnenträger wirkungsvoll eingesetzt wurden.

Am gleichen Abend fand noch eine gut besuchte Wahlveranstaltung in Westerland statt, die am anderen Tag in einem fast anderthalbseitigen Bericht – umrahmt von NS-Propagandasprüchen – nochmals propagandistisch ausgewertet wurde. Selbst am Wahltage fuhren noch Autos mit NS-Parolen durch die Stadt. Daß dieser massive Einsatz von den Wählern honoriert wurde, beweist die Tatsache, daß Hitler von allen Kandidaten die höchste Stimmenwahl auf der Insel erhielt[4].

Wenn man dagegen die Anstrengungen der anderen Parteien in diesem Zeitraum vergleicht, so muß man geradezu von einer »Lähmung der politischen Kräfte durch die nationalsozialistische Massenbewegung« sprechen[5]. Die sogenannte »Eiserne Front«, der Zusammenschluß von SPD, Freien Gewerkschaften und dem Reichsbanner Schwarz-Rot-Gold, trat nur zweimal am 18. Februar und am 12. März 1932 in Westerland auf, und der Kampfblock Schwarz-Weiß-Rot (DNVP und Stahlhelm) raffte sich nur zu einer Versammlung auf, die außerdem noch so schlecht besucht war, daß man auf einen Saal verzichten konnte.

Die Kommunisten hielten zwei öffentliche Versammlungen ab und versuchten durch Störaktionen bei SPD-Veranstaltungen linke Wählerstimmen zu bekommen[6].

Dieser politische Zustand auf Sylt entspricht im wesentlichen dem des ganzen Kreises. So ergibt sich aus einer vom Landrat anläßlich der Reichspräsidentenwahl zusammengestellten Übersicht über die Wahlveranstaltungen im Kreise Südtondern, daß die NSDAP 55, die KPD 11, der Tannenbergbund 8, die DNVP 3, die Eiserne Front 4, ferner der Jungdeutsche Orden, der Stahlhelm und die Landvolkbewegung je 2 Versammlungen durchgeführt haben[7].

Die Passivität aller anderen politischen Gruppierungen ist auch dadurch zu erklären, daß sich manche dem Optimismus hingaben, »daß die NSDAP, die durch reine Negation des Bestehenden so groß geworden war, sehr schnell Anhänger verlieren würde, sobald sie an der politischen Verantwortung beteiligt werde«[8].

Der Umfang der Wählerwerbung von seiten der NSDAP wird deutlich, wenn man sich die Zahl der Veranstaltungen im Jahr 1932 näher ansieht. In Westerland führte sie acht, in Morsum und Wenningstedt je drei, in Keitum zwei und in Archsum, List und Kampen je eine Wahlveranstaltung durch. Dem gleichen politischen Zweck muß man auch die »Deutschen Abende« zurechnen, die in Morsum und Westerland abgehalten wurden. Sie bestanden aus einem parteipolitischen Teil, der von deutschtümelnder Unterhaltung umrahmt war[9].

Den Rednern dieser Kampagnen, die ausschließlich vom Festland stammten, wurde von der Sylter Zeitung durchweg eine glänzende rhetorische Qualifikation bescheinigt. So heißt es zum Beispiel in einem Bericht über einen NS-Parteiredner: »In dem Redner lernte man einen Sprecher kennen, der überall einen nachhaltigen Eindruck hinterließ ... Die von glühender Liebe zu seinem Volk und Vaterland und dem heißen Bekenntnis zur Idee des Nationalsozialismus durchpulsten Ausführungen fesselten jeden Zuhörer, rissen Freunde und Anhänger mit, nötigten auch dem Gegner durch den vollen Einsatz der Persönlichkeit und der Überzeugungstreue des Redners Achtung ab.«[10] In diesem Artikel wurden die Erfolge sichtbar, die ihre Voraussetzung in der Einrichtung einer »Rednerschule der NSDAP« hatten, die es der Partei ermöglichte, das Reich mit einem Netz rhetorischer Veranstaltungen zu überziehen.

Die Redner kamen mit genormten Texten, so daß spezielle Bezüge auf lokale Anliegen oder friesische Eigenarten äußerst selten sind. Doch differenzierten sie ihre rhetorische Demagogie in einem Themenangebot, das sie je nach der sozialen Struktur der Umgebung anwandten. Während man zum Beispiel für Westerland das Thema »Wir wollen frei sein, wie die Väter waren« wählte, sprach der Parteiredner in Keitum und Wenningstedt »Über den Wert der deutschen Scholle für den Nationalsozialismus«[11].

Nach Aussage der vorhandenen Quellen versuchte nur ein Redner, direkte Beziehungen zwischen der NS-Ideologie und dem Friesentum herzustellen. Es war der schon im Greisenalter stehende, von dem Nationalsozialismus als Gallionsfigur benutzte General a. D. Litzmann, der auf einer Versammlung im September 1931 betonte, wie er gerade bei den

Sylter Friesen, die sich von jeher als freiheitsliebend gezeigt hätten, Verständnis für seine Gedankengänge zu finden hoffte, die sich gegen das heutige System auflehnten und für ein »sauberes neues drittes Reich« kämpften [12]. Die sachlich nicht zu rechtfertigende Verquickung des friesischen Freiheitsbewußtseins mit der totalitären Ideologie des Nationalsozialismus, die von der Versammlung kommentarlos hingenommen wurde, ist nur aus dem politischen Irrationalismus heraus zu verstehen; nur diese auf dem Gefühl basierende Bewußtseinshaltung ermöglichte es, die gegensätzlichen Begriffe in Einklang zu bringen.

Nicht zuletzt trug die Auswahl der nach Sylt geschickten Redner zum Erfolg der NSDAP bei; sie gehörten fast ausschließlich zur ersten Garnitur. So enthielt die Rednerliste die Namen rhetorisch bewährter und bekannter Nationalsozialisten: Reichstagsabgeordneter Meyer-Quaade, Gauleiter Lohse, Prinz August Wilhelm von Preußen, Pastor Peperkorn und andere.

Auch setzte die NS-Bewegung Leute ein, die schon vorher auf der Insel durch eine unpolitische Funktion eine gewisse Autorität besessen hatten. So trat zum Beispiel der Kreisvorsitzende des Land- und Bauernbundes zunächst in dieser Eigenschaft in den Sylter Dörfern auf, dann jedoch stellte er seine Kräfte in den Dienst der NSDAP und warb um die Gunst der bäuerlichen Wähler [13].

Auch die Sylter Nationalsozialisten ließen sich durch Verbote der Regierung in ihrer weiteren Agitation nicht behindern. So legten sie zum Beispiel nachts Kränze mit Hakenkreuzschleifen an den Gedenkstätten nieder, oder sie gründeten, um das Uniformverbot zu umgehen, den »Sölring Sportforiining«, den Sylter Sportverein, der dann in einheitlicher Kleidung bei den Veranstaltungen den uniformen Hintergrund bildete. Wieviel Wert die Nationalsozialisten diesem optischen Einheitsrahmen zumaßen, ist auch daraus ersichtlich, daß sie in der Verbotszeit die zur SA gehörenden Sylter Schlachter in ihrer einheitlichen Berufskleidung vor die Rednertribüne stellten [14].

Die wirtschaftliche Notlage dieser Zeit war ein guter Nährboden für die NS-Propaganda. Das zeigte sich auch, als die Nationalsozialisten in Westerland eine Steuerberatungsstelle einrichteten, »in der Erkenntnis, daß der hilflose Kleinbürger und die Kreise, von denen man den geringsten Widerstand erwartet... bis zum Weißbluten ausgepreßt werden« [15].

Auch ein Sylter Gastwirt betrieb auf seine Weise Propaganda für die Partei. Als er in Westerland seine Wirtschaft eröffnete, sicherte er den »Braunhemden Ehrenplätze« zu und lud die »weltanschaulich noch Fernstehenden ohne Trinkzwang« ein, bei ihm die Führerreden zu hören [16].

Daß sich insgesamt die Taktik der NS-Propaganda auf Sylt voll bezahlt machte, werden die nächsten Kapitel beweisen.

Mit Knüppeln, Zaunlatten und Reitpeitschen
Die Erhitzung des politischen Klimas hinter dem friedlichen Saison-Bild

Noch wenige Tage bevor die Nationalsozialisten die Sylter Bühne betraten, hatte man hier gehofft, daß sich der politische Dialog »in dem Rahmen ruhiger Sachlichkeit, um nicht zu sagen Gemütlichkeit« abspielen werde. Doch schon als die NSDAP durch Anzeigen ihr Erscheinen auf der Insel ankündigte, befürchtete man auch hier die schon aus der Zeitungslektüre bekannte gewaltsame Austragung der politischen Gegensätze.

Während des Reichstagswahlkampfes im September 1930 war es noch bei einigen verbalen Auseinandersetzungen geblieben, doch schon einen Monat später, als es auf einer SPD-Versammlung zu turbulenten Szenen gekommen war, »auf der die Kampfrufe der Parteien durcheinanderschwirrten«, drückte der Chronist der Sylter Zeitung sein Unbehagen durch die Bemerkung »politisch Lied, ein garstig Lied« aus[1].

Kurz darauf – im Dezember 1930 – schwirrten nicht mehr Worte durch den Raum, sondern Ziegelsteine durch die Luft und demolierten die Scheiben mehrerer Häuser. Daß es sich bei den Betroffenen um Nationalsozialisten handelte, ergibt sich aus einem Leserbrief, der diesen Vorgang propagandistisch auszuwerten versuchte. Der Verfasser meinte, daß hierdurch nicht nur die nationalsozialistischen Glaser zu unverhoffter Arbeit kämen, sondern daß sich »eine so große und starke Bewegung wie der Nationalsozialismus« hierdurch kaum aufhalten lasse. Als sich wenig später ein ähnlicher Zwischenfall ereignete, appellierte die Sylter Zeitung an die politischen Kontrahenten: »Wir sind auf unserer Insel bisher von den vielerorts vorgekommenen tätlichen Auseinandersetzungen des Parteienstreits verschont geblieben und möchten es in Zukunft auch bleiben.« Damit traf sie zweifellos die Meinung der meisten Sylter, denn der Wunsch entsprach nicht nur ihrer Mentalität, sondern auch den wirtschaftlichen Belangen des Vermietungsgewerbes. Man fürchtete durch die politische Radikalisierung eine Schädigung der wirtschaftlichen Interessen, zumal man in Büsum schon ähnlich negative Erfahrungen gemacht hatte. Als man dort nämlich die NS-Fahnen verbot, mit denen die Kurgäste sogar am Strande ihren politischen Standort zeigen wollten, drohten sie einen Boykott gegen das Bad an[2].

Daß man für den Sylter Kurbetrieb ähnliche Befürchtungen hatte, zeigt ein Leserbrief in der Sylter Zeitung (Februar 1931), der mit »Viele Bürger Westerlands« unterzeichnet war. Darin hieß es unter anderem: »Wir betreiben eine lächerliche Politik und befehden uns gegenseitig, deren Folgen immer extremer werden. Im Sommer ist jeder froh, wenn seine Zimmer besetzt sind und fragt nicht nach Rassen. Es ist dabei gleichgültig, wer mietet, ob Jude, Heide oder Christ aller Nationen, die Hauptsache ist und bleibt, er hat das Geld und bezahlt die bescheiden präsentierte Rechnung! Wir wollen nicht rufen: ›Heil Hitler‹ oder ›Rot Front‹, sondern ›Heil Westerland, hie Wirtschaftsfront‹!«

Diesen von wirtschaftlicher Vernunft bestimmten Standpunkt haben die Sylter dann auch befolgt. Denn während der folgenden Saison verliefen alle politischen Veranstaltungen ohne spektakuläre Zwischenfälle. Auch die Badeverwaltung, »die mit aller Macht die Neutralität in politischer Hinsicht den Kurgästen gegenüber« bewahren wollte, machte in dieser Richtung ihren Einfluß geltend, indem sie sich einer Vereinbarung der übrigen Nordseebäder anschloß, daß am Strande nur Flaggen des Reiches, der Länder, Provinzen und Gemeinden gezeigt werden dürften[3].

Nach Aussage der vorhandenen Polizeiakten ist es nur in einem Falle aus politischen Gründen zu einem Zwischenfall am Westerländer Strand gekommen. So hatten im August 1932 nationalsozialistische Kurgäste vor der Westerländer Promenade »ihre Parteiabzeichen, wie Hakenkreuzwimpel, aus Muscheln hergestellte Hakenkreuze und Schriften ›Heil Hitler‹ in provozierender Weise zur Schau gestellt«. Ein Kurgast, »der ein jüdisches Aussehen« gehabt haben soll und den Vorgang kommentarlos beobachtete, wurde von den Nationalsozialisten durch die Frage: »Das paßt Ihnen wohl nicht?« derart provoziert, daß er seinen Ärger über »ein solches Treiben von Parteimenschen für den Badeort Westerland« ausdrückte. Die sich dann anbahnende Schlägerei, die sich nicht nur durch die anfeuernden Zurufe der Nationalsozialisten, sondern auch durch das Eingreifen dieser Gruppe auszuweiten drohte, wurde durch Angehörige der Badeverwaltung verhindert.

Öffentliche Wahlversammlung der K.P.D.

am Sonntag den 26. Febr. 1933 20 Uhr

bei Matz Petersen

Es spricht: *Ella Reinke Flensburg*

Thema: Drittes Reich oder Soviet Deutschland??

Rednerin studierte 14 Monate die Verhältnisse
in Soviet Russland.

Eintritt 30 Pf.   K. P. D.
Erwerbsl. 10 Pf.   Ortsgr. Westerland
Druck/ Verlag u. verantw.   Jul. Jürgensen

Doch blieb dieser Zwischenfall eine Ausnahme, denn im Gegensatz zum übrigen Reich, wo die politischen Gewalttaten laufend zunahmen, herrschte auf der Insel ein politischer Burgfriede. Selbst eine SPD-Versammlung mit dem Reichstagspräsidenten Löbe wurde nur von einigen Heil-Moskau-Rufen begleitet, und auch die von den sozialistischen Parteien veranstalteten Maifeiern verliefen störungsfrei. Ebenso wurden der Volksentscheid im August 1931 sowie die zahlreichen anderen Veranstaltungen für die verschiedenen Reichstage im Sommer des folgenden Jahres mit größter Zurückhaltung durchgeführt[4].

Diese Tatsachen beweisen, daß während der Saison das politische Temperament der Insulaner durch die wirtschaftliche Vernunft gezügelt und damit neutralisiert wurde. Auch die Nationalsozialisten unterwarfen sich diesen Bedingungen – jedenfalls so lange sie noch nicht die totale Macht in Händen hatten; denn im Juni 1933 wies dann freilich der damalige Westerländer Ortsgruppenleiter »mit tiefster Empörung das spießbürgerliche Ansinnen« zurück, »keine Braunhemden während der Saison« zu zeigen[5].

Doch die Rücksichtnahme auf die Kurgäste war hierfür nicht das einzige Motiv; dazu kam die Tatsache, daß die Mitglieder der Sylter NSDAP sich vor allem aus den Wirtschaftskreisen rekrutierten, die arbeitsmäßig von der Saison besonders belastet wurden. Zwar war eine genaue berufliche Analyse der Mitglieder wegen der fehlenden Unterlagen nicht möglich, doch geben zahlreiche Zeitungsmeldungen in Zusammenhang mit politischen Prozessen, Übernahme von Parteiämtern oder anderen politischen Vorgängen[6], die die Anonymität lüften, Hinweise auf ihren sozialen Standort. Es waren vor allem Pensionsinhaber, Kaufleute, Inhaber oder Mitarbeiter der Gastronomie sowie Angehörige

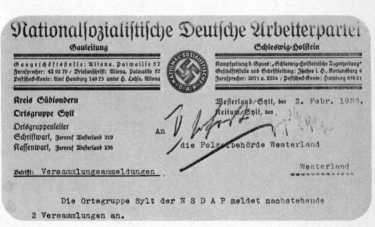

solcher Berufe, die von der saisonbedingten Hochkonjunktur zeitlich so angespannt waren, daß ihnen einfach die Zeit fehlte, sich noch irgendwie politisch zu betätigen.

Nur so ist es auch verständlich, daß eine derart militant ausgerichtete Organisation wie die NSDAP die monatlichen Pflichtversammlungen für ihre Mitglieder ausfallen ließ[7]. Damit war aber der eine radikale Partner – jedenfalls für den Sommer – ausgeschaltet, und es fehlte dem radikalen Widersacher, der KPD, der wegen der Arbeitslosigkeit genügend freie Zeit zur Verfügung stand, der entsprechende Gegner. Denn zu einer Schlägerei gehören mindestens zwei!

Doch darf dieses äußerlich friedliche Bild nicht über die tatsächliche Lage hinwegtäuschen. Denn sobald die Saison ausklang und die letzten Gäste die Insel verließen, wurde der Friede gebrochen. Jetzt hatten beide Gruppen Zeit, sich miteinander zu befassen. So fanden am 21. September 1931 die Teilnehmer einer nationalsozialistischen Kundgebung bei der Rückkehr ihre Fahrräder mit durchschnittenen Reifen vor, und am nächsten Tag kam es zwischen einer Gruppe von SA-Leuten und einem Kommunisten auf der Straße zu Handgreiflichkeiten. Kurz darauf wurde das Auto eines Nationalsozialisten mit durchschnittenen Reifen aufgefunden[8].

Dies alles war aber nur der Auftakt zu den dann folgenden Ereignissen. Am 30. September kam es in den Straßen Westerlands zu größeren Auseinandersetzungen zwischen Kommunisten und Nationalsozialisten, die mit Knüppeln und Zaunlatten bewaffnet aufeinander losgingen. Die Fortsetzung fand am nächsten Abend statt; dazu hatten beide Seiten ihre Anhänger verstärkt mobilisiert. Das Gericht, das sich später mit diesen Vorgängen befassen mußte, bewertete die Einzelheiten der Auseinandersetzung als Landfriedensbruch, Widerstand gegen die Staatsgewalt und schweren Hausfriedensbruch[9].

Nachdem noch im gleichen Monat zwei Schaufenster eines nationalsozialistischen Geschäftsinhabers demoliert worden waren, war wohl zunächst der aufgestaute politische Zorn verflogen, und – abgesehen von einem politischen Beleidigungsprozeß – kehrte die Ruhe vorläufig wieder ein[10].

Erst zu Anfang des Jahres 1933 flackerten die radikalen Auseinandersetzungen kurz wieder auf. So wird über Schlägereien zwischen Kommunisten und Nationalsozialisten und eingeworfene Schaufenster berichtet, und auch die nicht nur auf lokaler Ebene bestehenden Spannungen zwischen Stahlhelm-Anhängern und Nationalsozialisten wurden hier mit Brachialgewalt gelöst, indem der Westerländer SA-Sturmführer seine Kontrahenten mit der Reitpeitsche zusammenschlug[11].

Die Inselhaltung wird »enthemmt«
Der Ausbau des NS-Machtapparats

Auf den nordfriesischen Inseln faßte der Nationalsozialismus verhältnismäßig spät Fuß. Die Gründe hierfür liegen einmal in der wirtschaftlichen Entwicklung; denn zunächst rekrutierten sich die Anhänger aus den deklassierten Bevölkerungsschichten der größeren Städte. Als aber ab 1929 die Deflationspolitik infolge der Weltwirtschaftskrise die Landwirtschaft hart traf, gingen die NS-Propagandisten auch zur ländlichen Bevölkerung und gewannen hier in steigendem Maße an politischem Einfluß[1].

Gutes Material zur Verdeutlichung dieses Prozesses im schleswig-holsteinischen Raum enthält die Untersuchung von Gerhard Stoltenberg: »Politische Strömungen im schleswig-holsteinischen Landvolk 1918–1933«. Danach betrug die Mitgliederzahl der schleswig-holsteinischen NSDAP am 1. Dezember 1929 etwa 10 400. Dabei ist ein deutlicher Schwerpunkt im Kreis Süderdithmarschen festzustellen, der im Mai 1929 bereits 24 Ortsgruppen mit etwa 1430 Mitgliedern aufweisen konnte[2]. Damit hatte die Partei an der Westküste eine solide organisatorische Basis, von der aus sie weitere Propagandaaktionen starten konnte.

Im Juli 1929 eröffnete der Nationalsozialismus seine Offensive auf dem festländischen Teil des Kreises Südtondern mit einer Versammlung in Soholm, der bis Ende des Jahres noch drei weitere, und zwar in Leck und Süderlügum folgten. 1930 steigerte er seine Aktivität und brachte es auf 50 Versammlungen, eine Zahl, welche die Nationalsozialisten in den beiden folgenden Jahren weit hinter sich ließen. Dabei hatten sie teilweise starke Konkurrenz vom Tannenbergbund und von der Landvolkbewegung, die ebenfalls zahlreiche Kampagnen veranstalteten[3].

Bereits im März 1930 gab es auf dem festländischen Teil des Kreises vier Ortsgruppen der NSDAP mit etwa hundert Mitgliedern. Die periphere Lage der Inseln hat natürlich dazu beigetragen, daß sich hier später als auf dem Festland der Nationalsozialismus ausbreiten konnte.

Weitere Gründe für die relativ späte NS-Entwicklung auf den Inseln liegen einmal in der – trotz der wirtschaftlichen Notlage – ruhigen Haltung der Bevölkerung, die sich im Gegensatz zum Festland jeglicher spektakulärer Radikalisierung enthielt. Zum anderen mußte man die Beanspruchung der Bevölkerung durch die Saison berücksichtigen, die überdies ohnehin nicht geneigt war, zugunsten der Nationalsozialisten ihr Prinzip der politischen Neutralität eines Kurortes während der Saison aufzugeben. So finden wir bis Ende Sommer 1930 im inselfriesischen Raum weder NS-Organisationen noch Wählerstimmen für diese Partei, die zahlenmäßig über Splitteranteile hinausgehen.

Auf Sylt hatten sich erstmals im Frühjahr 1930 sechs Westerländer zusammengefunden, um auf Anregung eines Itzehoer Bücherrevisors eine Ortsgruppe der NSDAP zu gründen. Doch mit dem für die insularen Wirtschaftsverhältnisse typischen Argument – die Rücksicht auf die kommende Saison – stellte die Gruppe ihre Pläne vorläufig zurück. Da der Initiator dieser geplanten Gründung bereits Parteigenosse war, verfügte er über gewisse Verbindungen, die es ihm ermöglichten, den späteren Gauleiter Hinrich Lohse als NS-Redner für den Reichstagswahlkampf auf Sylt zu gewinnen.

Am 3. Oktober 1930 fand diese Veranstaltung in Westerland statt. Obwohl die Versammlung gut besucht war, fanden sich im Anschluß daran nur sieben Sylter zusammen, die eine Sylter Ortsgruppe der NSDAP gründeten, deren Führung der schon erwähnte Parteigenosse vom Festland übernahm[4]. Damit hatten die Nationalsozialisten einen Brückenkopf gebildet, von dem aus sie weiteres Territorium erobern konnten.

Eine ähnliche taktische Konzeption läßt sich auf Föhr nachweisen. Zu ungefähr dem gleichen Zeitpunkt – am 10. September 1930 – wird unter der Regie von Lohse eine Ortsgruppe auf Föhr gegründet, die zunächst aus 17 Mitgliedern bestand und sich das Ziel gesetzt hatte, die Insel Amrum und die Halligen für ihre Ideologie zu gewinnen. Aus den vorhandenen Unterlagen ergibt sich, daß der Erfolg dieser politischen Offensive in den einzelnen Gebieten recht unterschiedlich war. Auf Föhr können wir eine steigende Zunahme von Mitgliedern verzeichnen, so daß weitere NS-Stützpunkte in Nieblum und Oldsum geschaffen wurden. Auch war hier der Andrang in die SA derart stark, daß neue Einheiten aufgestellt werden mußten. So konnte die Sylter Zeitung in einer Meldung vom Juli 1933 triumphierend feststellen, es gebe auf Föhr wohl nur noch wenige, die nicht nationalsozialistisch gesonnen seien[5].

Anders hingegen verlief die Entwicklung auf Amrum. Zwar hatten sich hier die NS-Kader im Februar 1931 zum erstenmal gezeigt und im September des gleichen Jahres eine Ortsgruppe gegründet; jedoch sie hatten es sehr schwer, ihre Position weiter auszubauen. Wenn auch in Zusammenhang mit dem Bericht über die Ortsgruppengründung von »zahlreichen Mitgliedern« die Rede ist, so müssen wir diese Bemerkung als Propagandatrick bewerten. Denn der Erfolg blieb zunächst aus. Die Ursache hierfür liegt in einer auf Amrum spezifisch entwickelten Bewußtseinshaltung, die – mit verursacht durch die geographische und staatsrechtliche Abgelegenheit – sich in früheren Jahrhunderten gegen Eingriffe des Staates in das Inselleben bewährt hatte und die von Johannes Jensen in seiner Geschichte der Insel Amrum treffend als »Amrumer Inselhaltung« bewiesen und charakterisiert wird. Und erst »nachdem die Mehrzahl der allem Neuen schwer zugänglichen Inselbevölkerung die innere Hemmung überwunden hatte«, konnten die Nationalsozialisten ihre Basis erweitern und in Wittdün, Norddorf und Nebel im Mai 1933 je eine Zelle gründen[6]. Diese »inneren Hemmungen« haben jedoch nur den organisatorischen Aufbau verzögert, da das parteipolitische Engagement hier weitgehend ungebräuchlich war. Denn bei der Stimmabgabe waren die Insulaner größtenteils »enthemmt« und brachten – wie wir noch sehen werden – den Nationalsozialisten fast traumhafte Ergebnisse ein.

In diesem Zusammenhang ist es interessant, einen vergleichenden Blick auf Helgoland zu werfen, wo die Nationalsozialisten ebenfalls große Schwierigkeiten hatten, ihre Position auszubauen. Bereits am 2. November 1929 hatte die NSDAP hier zum erstenmal eine Versammlung abgehalten, die von etwa 140 Personen besucht worden war. Trotz dieser für die Helgoländer Verhältnisse großen Besucherzahl blieb der erwartete Erfolg aus. Denn als die Nationalsozialisten am 19. März 1930 eine öffentliche Protestversammlung gegen die Unterzeichnung des Young-Planes veranstalteten, waren nur wenige Einwohner dem Ruf gefolgt, so daß das Landkreisjägeramt Helgoland dem Landrat beruhigend mitteilen konnte: »Die kleine Zahl der Erschienenen beweist, daß die Bevölkerung weit von den Bestrebungen der NSDAP entfernt steht.« Zwar konnten die Nationalsozialisten hier 1930 eine Ortsgruppe gründen, doch hatten sie keine glückliche Hand bei der Einsetzung des Ortsgruppenführers, weil dessen »Vortragsweise einschläfernd wirkte«. Der Mißerfolg spiegelt sich auch in den Besucherzahlen wider. So konnte die NSDAP am 8. April 1932 bei einer öffentlichen Versammlung nur 54 Zuhörer verzeichnen, während die KPD einen Tag später 258, die SPD im gleichen Monat 326, die DNVP 324 Besucher für sich verbuchen konnten. Daß dieses Ergebnis nicht zufällig zustandegekommen war, bezeugen bereits die Teilnehmerzahlen von einmal 34 und einmal 54 Personen anläßlich bei zwei öffentlichen Versammlungen der NSDAP im März 1932, sie waren wohl annähernd identisch mit der Mitgliederstärke der Helgoländer Ortsgruppe[7].

Auch die Halligen blieben von der braunen Invasion nicht verschont. Ebenso wie auf Amrum ging auch hier die Initiative von der Föhrer Ortsgruppe aus. Auf Langeneß hatten die NS-Invasoren zwar schon im März 1931 ihren Fuß gesetzt, doch scheint ihnen hier eine ähnliche Haltung wie auf Amrum begegnet zu sein, denn die erste Monatsversammlung der Partei konnte erst im September 1933 stattfinden[8].

Während die Nationalsozialisten also von der Basis Föhr aus ihr politisches Inselspringen durchführten, blieb die agitatorische Offensive der Westerländer Gruppe auf Sylt beschränkt. Über die weitere Entwicklung dieser Partei auf Sylt sind wir dank ihrer Publizitätsfreudigkeit einigermaßen informiert. Nach Gründung der Sylter Ortsgruppe ging man mit großer Aktivität an den personellen und organisatorischen Ausbau. Im

Oktober 1930 wurden der Ortsgruppenleiter, der Schriftführer, der Kassierer sowie der Führer der noch zu bildenden SA gewählt. Schon die Tatsache, daß man bei diesem Vorgang das Wahlprinzip anwandte, zeigt den vorerst noch provisorischen Charakter der Sylter Organisation; das antidemokratische Instrumentarium beherrschte man noch nicht. Und so ist es nicht verwunderlich, wenn von der Gauleitung diese Wahlbeschlüsse teilweise umgestoßen und nach dem Führerprinzip andere personelle Entscheidungen getroffen wurden.

Ende 1930 hatte die Ortsgruppe etwa 60 Mitglieder. Zwar traten in den beiden ersten Monaten des Jahres 1931 noch 8 weitere der NSDAP bei; doch dann folgt eine lange Phase der Stagnation, die nicht zuletzt dadurch hervorgerufen wurde, daß sich die Ortsgruppe in äußerst schwierigen Finanzverhältnissen befand. Deshalb war die Partei in ihrer weiteren Agitation zunächst stark behindert[9].

Erst Anfang 1932 gelingt der entscheidende Durchbruch. Durch einen intensiven Einsatz in fast allen Inselorten konnten die Nationalsozialisten ihre Mitgliederzahl entscheidend erhöhen. Diese Erfolge muß man natürlich auch unter dem Aspekt betrachten, daß sich mit der Verschärfung der wirtschaftlichen Krise Funktionsstörungen der von den übrigen Parteien getragenen parlamentarischen Demokratie bemerkbar machten, so daß das politische Klima für das Anwachsen des Nationalsozialismus günstig war. So konnten die Nationalsozialisten als Ergebnis von drei Versammlungen im Januar 1932 den Eintritt von 73 neuen Mitgliedern für sich verbuchen, und im März des gleichen Jahres war der personelle Bestand schon so stark angewachsen, daß die ursprüngliche Ortsgruppe Westerland in Ortsgruppe Sylt umbenannt werden konnte. Zum gleichen Zeitpunkt wurden Morsum, Archsum und List als Stützpunkte in die weitere Parteiarbeit eingeschaltet.

Die nächsten Angaben über die weitere Entwicklung stammen vom Mai 1933. Danach hatte die NSDAP auf der Insel 670 eingetragene Mitglieder. Die stärkste Ortsgruppe war Westerland mit 315, gefolgt von List mit 103 Parteigenossen. Die für List relativ hohe Zahl läßt sich aus der Bevölkerungsstruktur des Ortes erklären, der durch die paramilitärischen Ausbildungseinrichtungen der Fliegerschule gerade diejenigen Gruppen beherbergte, die besonders anfällig für die NS-Ideologie waren. Hier waren die NS-Agitatoren zum erstenmal im Januar 1932 in einer Wahlversammlung aufgetreten, hatten dabei 7 Mitglieder geworben. Diese Zahl konnten sie bis Juni 1932 auf 33 erhöhen, und im Mai 1933 erreichte sie dann den oben genannten Bestand. So ist es auch zu erklären, daß List am 22. Mai 1933 bereits zur selbständigen Ortsgruppe erhoben werden konnte.

Eine ähnliche Entwicklung muß sich in den durchweg landwirtschaftlich orientierten Dörfern Morsum und Archsum vollzogen haben. Wenn für diese Orte auch keine genauen Zahlenangaben vorliegen, so läßt doch die am gleichen Tage wie in List vollzogene Verselbständigung dieser Dörfer zur Ortsgruppe Morsum diesen Schluß zu.

Anders hingegen verlief die Entwicklung in Keitum, das mit Tinnum und Munkmarsch eine politische Einheit bildete. Die Orte hatten im Mai 1933 zusammen nur 58 Mitglieder. Besonders Keitum galt unter den Sylter NS-Führern als ein »für die Bewegung besonders schwieriges Feld«. Die Parallele zu der schon skizzierten »Amrumer Inselhaltung« ist offensichtlich. Keitum war zweifellos der Ort, der am längsten in der friesisch-konservativen Bewußtseinshaltung verharrt hatte, die sich allem Neuen gegenüber skeptisch und abwartend verhielt. Hinzu kommt wohl auch, daß im Vergleich zu Morsum und Archsum die soziale Struktur des Ortes eine andere war, so daß man sich diese Haltung leisten konnte.

Erst im August 1933 konnten Keitum, Tinnum und Munkmarsch zusammen zu einer selbständigen Ortsgruppe Keitum erhoben werden. Zum gleichen Zeitpunkt folgten Wenningstedt, Kampen und Braderup, die zur Ortsgruppe Wenningstedt zusammengefaßt wurden.

Rantum und Hörnum spielten wegen ihrer geringen Einwohnerzahl für den Nationalsozialismus keine wesentliche Rolle. Erst in den späteren Jahren – im Zusammenhang mit der militärischen Bautätigkeit – werden die Orte für sie politisch interessant[10].

Parallel zu dieser Mitgliederbewegung vollzog sich der Ausbau der anderen NS-Organisationen. Eine wichtige Funktion bei der Durchset-

zung der politischen Ziele fiel der SA zu. So war es auch auf Sylt eines der Hauptanliegen, diese Organisation aufzubauen und wirkungsvoll einzusetzen. In der Anfangsphase traten bei den NS-Kampagnen auf Sylt festländische SA-Einheiten auf. Da sich erst allmählich auf den nordfriesischen Inseln der Aufbau vollzog, leistete man sich gegenseitig Schützenhilfe. So fuhren auch Sylter SA-Leute nach Föhr, um den dortigen Veranstaltungen einen geschlosseneren Rahmen zu geben.

Schon nach verhältnismäßig kurzer Zeit verfügte indessen die SA auf Sylt über genug eigene Kräfte, da die Entwicklung zügig verlief. Bereits in der ersten Mitgliederversammlung wurde die Sylter SA gegründet, sie bestand zunächst aus einem Führer und vier Mann. Bis zum Oktober 1931 war sie auf etwa 80 Mitglieder angewachsen. Am 12. Februar 1932 wurde die erste Einheit der SA vereidigt, die zu diesem Zeitpunkt etwa 100 Mann umfaßte. Zu gleicher Zeit wurde ein Spielmannszug aufgestellt, so daß die NSDAP künftig auch in musikalischer Hinsicht von festländischen Geräuschkulissen unabhängig war. Im Juni 1932 stieg die Mannschaftsstärke auf 160, bis Juli 1933 auf über 200. Jetzt gehörte auch ein Musikkorps dazu.

Die Anfänge der Sylter Reiter-SA gehen auf das Jahr 1932 zurück, in dem erstmalig berittene SA-Mitglieder an den Propagandaumzügen teilnahmen[11].

Im August 1933 wurden alle SA-Formationen der nordfriesischen Inseln und des festländischen Teils des Kreises Südtondern zu einer Standarte (20) zusammengefaßt. Hierbei bildete Sylt einen eigenen Sturmbann (III/20), der die drei Stürme 21/20 (Westerland-Süd), 22/20 (Westerland-Nord) und 23/20 (Keitum, Morsum und Archsum) umfaßte. Die insularen SA-Reiter unterstanden dem Sturmbann Leck. Einen besonderen Weg schlug die Lister SA ein. Sie wurde zunächst als »Fliegerersatztrupp« der entsprechenden festländischen Organisation unterstellt, dann jedoch zu einem selbständigen SA-Sturm erhoben und unter der Bezeichnung 24/20 dem Sylter Sturmbann unterstellt[12].

Damit hatte sich der Nationalsozialismus auch auf Sylt einen Machtapparat geschaffen, der durch seine paramilitärischen und parapolizeilichen Aktivitäten in der Lage war, die Ziele der Partei gewaltsam durchzusetzen.

Einen entscheidenden Platz in der NS-Ideologie nahm die »Erfassung« der Jugend ein. Schneller Aufstieg, Abenteuer, pseudomilitärisches Gepränge und die Anknüpfung an die Tradition der Jugendbewegung waren die Faktoren, die hier den Erfolg wesentlich bewirkt haben. Über die nationalsozialistische Jugendbewegung auf der Insel Sylt liegt indessen für den Zeitraum von 1930–1932 kein Quellenmaterial vor, so daß wir annehmen dürfen, daß sie zunächst noch keine wichtige Rolle bei den politischen Entscheidungen dieser Phase gespielt hat.

Nationalsozialistische Jugendliche treten auf der Insel zum erstenmal am 31. Januar 1933 im Fackelzug anläßlich der Machtübernahme auf. Doch schon im nächsten Monat entwickelte man für den weiteren Ausbau größere Aktivitäten in Form von Werbefahrten und -festen, die ihre Wirkung nicht verfehlten. So zählten Hitler-Jugend (14–18jährige) und Jungvolk (10–14jährige) im Juli 1933 etwa 200 Mitglieder, und dem BdM (Bund deutscher Mädels) traten bis zu diesem Zeitpunkt 80 Mädchen bei. Im August 1933 konnte die Sylter HJ eine eigene Gefolgschaft bilden und ein Trommler- und Pfeiferkorps aufstellen. Diese Gefolgschaft setzte sich aus einer Schar Westerland/Wenningstedt sowie aus einer Schar Keitum/Morsum zusammen. Ebenso konnten zu dieser Zeit innerhalb des Jungvolks 3 Jungzüge gebildet werden, und zwar in Westerland/Wenningstedt 2 sowie einer in Keitum/Morsum.

Interessant ist die Namengebung dieser letztgenannten Organisationen. Die Westerländer Jungvolkeinheit wurde nach dem bekannten Sylter Grönlandfahrer und späteren Strandvogt und Dünenaufseher Lorenz de Hahn (1668–1747) benannt, während die übrige Inseleinheit ihren Namen von dem sagenhaften – von Liliencron in einer Ballade zum nationalen Widerstandskämpfer gegen die Dänen umfunktionierten – Hörnumer Fischer Pidder Lüng bekam [13].

Auch die Insulanerinnen blieben von dieser politischen Entwicklung nicht unberührt. So beschloß man im Mai 1932 eine Gründungsversammlung des »Deutschen Frauenordens«, zu der alle »national eingestellten Frauen« eingeladen wurden. Einzelheiten hierüber liegen nicht vor. Erst im September des gleichen Jahres – nach der Sylter Sommerpause – traten sie im organisatorischen Rahmen der »Frauenschaft« zum erstenmal öffentlich in Erscheinung und veranstalteten dann am Ende des Jahres die Weihnachtsfeier der Partei. In den folgenden Monaten jedoch verlor diese Frauenorganisation – sicherlich wegen der Existenz zahlreicher anderer insularer Frauenvereine – derart an Bedeutung, daß sie im Oktober 1933 neu gegründet werden mußte. Die Frauenschaft hat in der Frühzeit des Nationalsozialismus – abgesehen von ihrer sozialen Funktion im Rahmen des Winterhilfswerks – keine wesentliche Rolle gespielt. Erst nach der »Gleichschaltung« der übrigen Frauenverbände gewann sie an Bedeutung.

Ebenso wurde auf der Insel für eine Verbandsgruppe nationalsozialistischer Rundfunkhörer frühzeitig die Werbetrommel gerührt, deren Mitglieder sich für »eine Verbesserung der parteipolitischen Situation am Rundfunk einsetzen« sollten. Doch gibt es über die weitere Entwicklung dieser Gruppe keine Unterlagen [14].

Wesentlich besser sind wir über die ideologische Schulung der NS-Mitglieder informiert, da die Themen resümeeartig in der Zeitung erschienen und somit gleichzeitig im Sinn der nationalsozialistischen Pro-

Werbe-Fest

Hitler-Jugend und Bund deutscher Mädels
Standort Westerland

am Sonntag, dem 19. Febr., nachm. 3 Uhr im Schützenhaus

Begrüßungsworte	. . . .
Gedicht	B.D.M. Kückengruppe
Sprechchor: „Achtung! Jungarbeiter! Schüler! . . . ."	H.J.
2 Pyramiden	H.J.
Gedicht, „Neue Jugend"	H.J.
„Schwerterweihe"	H.J. und B.D.M.
Ansprache	Gebietsführer Schmitz
Gedicht, „Jugend heraus"	H.J.
2 Volkstänze	B.D.M.
Melodram, „Vergessen"	H.J.
Gedicht v. Anacker	B.D.M. Morsum
„Erlkönigs Tochter", Theaterstück	B.D.M. und H.J.

Anschließend:
Wimpelweihe B.D.M. ✚ Redner O. G. Ltr. Schemmel

Unkostenbeitrag 20 R.-Pfg.   Änderung vorbehalten.

paganda wirkten. Es lohnt sich nicht, hier im einzelnen auf das Schulungsprogramm einzugehen, da es sich kaum von dem im übrigen Reich in Tausenden von Versammlungen besprochenen unterscheidet. Die einzige regionale Komponente war, daß einige Parteifunktionäre auf Sylt die nationalen Emotionen der Volksabstimmung von 1920 – die im allgemeinen Bewußtsein der Insulaner keine wesentliche Rolle mehr spielten und nur noch durch sporadische Feiern am Leben gehalten wurden – neu entfachen und nationalsozialistisch interpretieren wollten. In diesem Sinne wollten sie eng mit der deutschen Minderheit im dänischen Nordschleswig zusammenarbeiten und durch »heimatgeschichtliche Schulung« der Parteigenossen »eine andere Einstellung zu den grenzpolitischen Fragen« erreichen.

Diese selbständigen außenpolitischen Exkursionen der Sylter Ortsgruppe wurden nach 1933 eingestellt, sicherlich nicht aus dem Grund, daß sich die Einstellung der Sylter NSDAP zur Grenzfrage plötzlich verändert hatte, sondern weil dieses Problem noch nicht in den Katalog der NS-Außenpolitik paßte und daher aus der parteipolitischen Diskussion ausgeklammert wurde. Die Schulungsabende fanden – mit Ausnahme der Sommermonate – jeden Monat statt und wurden fast ausschießlich von einheimischen Mitgliedern durchgeführt.

Auch die Sonnenwendfeier unterm Hakenkreuz, die ideologisch aufgemachten Weihnachtsfeiern und die aus deutschtümelnder Unterhaltung bestehenden »Deutschen Abende« dienten dazu, den inneren Zusammenhalt der Mitglieder zu stärken. So heißt es in einem Stimmungsbericht über eine derartige Veranstaltung: »Was diesen Stunden das Gepräge gab, war ... das Gefühl eines wie selbstverständlichen Gemeinschaftsgeistes, der keine Unterschiede und nichts Trennendes kannte. Was ihren Wert ausmachte, das ist die über das Erleben des Augenblicks hinausstrahlende und wachbleibende Wirkung dieser Feierstunde«[15].

Zusammenfassend läßt sich feststellen, daß die NSDAP sich auf Sylt in kurzer Zeit eine starke Position ausbaute, mit deren Hilfe es dann gelang, die Demokratie zu beseitigen, politische Gegner auszuschalten und die totalitäre Diktatur zu errichten.

Lieber Hitler als Hindenburg
Die Reichspräsidentenwahl 1932 und der Siegeszug der NSDAP

Stellt man den beschriebenen massiven agitatorischen Einsatz in Rechnung, daneben die drückende wirtschaftliche Not, die offenkundige Ohnmacht der bürgerlichen Parteien, dieser Not Herr zu werden, so muß man wohl zum Schluß kommen, daß der Erfolg für die Nationalsozialisten nicht ausbleiben konnte.

In dieser Hinsicht legen die Ergebnisse der *Reichspräsidentenwahl vom März und April 1932* ein beredtes Zeugnis für die politische Einstellung der Sylter ab: Es wurden auf der Insel die folgenden Stimmen abgegeben (Aufschlüsselung nach den einzelnen Wahlbezirken im Anhang):

Für den Kandidaten	Im ersten Wahlgang (13. März 1932)	Im zweiten Wahlgang (10. April 1932)
Duesterberg	92	—
Hindenburg	1430	1593
Hitler	1598	1798
Thälmann	388	235
Winter	8	—

Ernst Thälmann war wie 1925 der Kandidat der KPD und wurde nur von dieser Partei unterstützt. Die Sonderkandidatur Winters im ersten Wahlgang (die als »Kandidatur der Inflationsgeschädigten« firmierte) braucht nicht berücksichtigt zu werden, da sie insgesamt nur 0,3 Prozent der Stimmen im Reiche erhielt – auf Sylt genau 8 Stimmen.

Zu einer Wiederwahl des amtierenden Reichspräsidenten Paul von Hindenburg rief schon im ersten Wahlgang die Mehrzahl der bestehenden politischen Gruppierungen des Reiches auf: von der Deutschen Volkspartei (DVP), über die Bayrische Volkspartei (BVP), die Deutsche Staatspartei (DStP) – wie sich die frühere Deutsche Demokratische Partei (DDP) jetzt nannte – und das Zentrum bis zu den Sozialdemokraten (SPD). Die an der äußersten Rechten des »traditionellen« Parteienspektrums operierende Deutschnationale Volkspartei (DNVP) hatte im ersten Wahlgang den »Stahlhelm«-Führer Theodor Duesterberg aufgestellt; im zweiten Wahlgang stellte sie sich indessen auch hinter Paul von Hindenburg.

So war es von Anfang an klar, daß es nur darum ging, ob der bisherige Reichspräsident wiedergewählt oder durch den Führer der Nationalsozialisten, Adolf Hilter, abgelöst werde. Es war eine Wahl, die viele der gewohnten Frontstellungen und Loyalitäten verkehrte. DNVP und

Stahlhelm hatten eben noch zusammen mit der NSDAP die »Harzburger Front« gebildet; jetzt kämpften sie gegeneinander. Die SPD andererseits empfahl die Wiederwahl Hindenburgs erst in dem Augenblick, da sie erkannte, daß dies die einzige Möglickeit sei, Hitler zu verhindern.

Für die Sylter Wähler war nun indessen gerade dies (nämlich: Hitler zu verhindern) offensichtlich kein erstrebenswertes, kein verständliches oder kein mögliches politisches Ziel. Schon im ersten Wahlgang erhielt Hitler auf Sylt die meisten Stimmen, während im Reich Hindenburg nur knapp die erforderliche absolute Mehrheit verfehlte. In den Ergebnissen der einzelnen Wahlkreise zeigt sich deutlich, daß die Fremdenverkehrsorte wie die landwirtschaftlichen Bezirke gleichermaßen an dem Prozeß der Rechtsradikalisierung beteiligt waren. Und während sich beim zweiten Wahlgang im Reich mehr als die Hälfte der Wähler für Hindenburg

aussprach, unterlag er auf Sylt, wo wiederum Hitler als Sieger hervorging.

Wenn man sich daran erinnert, daß Hindenburg ja Namenspatron des Eisenbahndamms vom Festland nach Sylt war, daß ihn die Bevölkerung der Insel – es war noch keine fünf Jahre her – bei der Eröffnung des Damms mit einem Volksfest begrüßt hatte, sticht diese Bevorzugung Hitlers gegenüber Hindenburg in die Augen. Es ist müßig, darüber zu rätseln, ob sich dabei die Wähler »realistisch« vorkamen (weil Hindenburg nur noch eine Schein-Alternative war), ob sie sich von einem »neuen« Mann eher etwas versprachen als von einem »herrschenden«, ob ein alter antipreußischer Affekt hochkam oder ob eben einfach die Agitation der NSDAP zum Erfolg führte. Doch festzuhalten bleibt: die Insel, die mit dem Hindenburg-Damm ans deutsche Festland gebunden ist, hätte – wenn sie den Ausschlag hätte geben können – 1932 Hindenburg als Reichspräsidenten abgewählt.

Indessen, so auffällig dieser Erfolg der Nationalsozialisten auf Sylt war, so erreichten sie doch nicht die Traumresultate wie auf den andern nordfriesischen Inseln. Auf Föhr erhielt Hitler im zweiten Wahlgang 2364 Stimmen, Hindenburg hingegen ganze 852 Stimmen. Ähnlich fiel das Ergebnis auf Amrum aus, wo Hitler 394, Hindenburg nur 190 Wähler für sich gewinnen konnte. Besonders katastrophal war auf diesen beiden Inseln gleichzeitig das Ergebnis für die KPD. Sie bekam im zweiten Wahlgang auf Föhr 14 Stimmen, auf Amrum 1 Stimme. Dagegen lieferte Sylt weiterhin den Hauptanteil an KPD-Stimmen für Südtondern.

Mit ihren 388 Stimmen im ersten, 235 im zweiten Wahlgang konnten die Sylter Kommunisten tatsächlich ihre Position von der letzten Reichstagswahl halten. Erweitern konnten sie sie allerdings nur für den ersten Wahlgang und nur geringfügig, obwohl sie in der Zwischenzeit eine starke agitatorische Aktivität auf der Insel entfaltet hatten. Gleich zu Beginn des Jahres 1931, noch belebt vom Wahlerfolg von 1930, hatten sie ihre Kampagne eröffnet; dabei hatte ein KPD-Redner großtönend verkündet, man werde alle Nationalsozialisten, die »etwa auf der Insel demonstrieren« wollten, »mit Knüppeln über den Damm jagen«. Und dieser Veranstaltung waren inzwischen zahlreiche andere gefolgt. Wie die NSDAP – doch weder mit der gleichen Aufsässigkeit noch mit dem gleichen Erfolg wie sie – trug auch die KPD ihre Parolen in möglichst alle Sylter Gemeinden hinein. Mit besonderer Vorliebe nahm sie sich der Arbeitslosen an. Doch zeigt die Stagnation bei den Wählerstimmen, daß das Reservoir für diese Partei weitgehend erschöpft war.

Mit Ausnahme der SPD – deren Aktivitäten aber kaum als Wahlwerbung für die Reichspräsidentenwahl zu interpretieren sind – traten die übrigen Parteien in dieser Phase kaum in Erscheinung[1].

Die nächste *Reichstagswahl am 31. Juni 1932* fiel in den Höhepunkt der Saison und lieferte ein Ergebnis, das als Grundlage für die örtliche Willensbildung völlig unbrauchbar ist. So bekamen zum Beispiel die Nationalsozialisten gegenüber der letzten Wahl fast das vierfache an Stimmen, und auch die Kommunisten konnten ihr Ergebnis mehr als verdoppeln. Hier haben Kurgäste und Saisonpersonal das Votum beeinflußt. Einen sicheren Beweis für die starke Fremdbeeinflussung der Wahl liefert auch der Stimmenanteil der konfessionell orientierten Zentrumspartei, die sonst Splitteranteile bekommen hatte und jetzt fast 500 Stimmen für sich registrieren konnte.

Dieses Faktum, das auch – wenngleich in geringerem Maße – für die Wahl vom September 1930 zutrifft, ist von der bisherigen Forschung nicht berücksichtigt worden; sie setzt die Wahlergebnisse des Kreises Südtondern gleich mit der politischen Willensbildung seiner Bewohner.

Dabei sollte man noch im Auge haben, daß – abgesehen von Sylt – auch Föhr und Amrum als stark frequentierte Fremdenverkehrsgebiete an dieser politischen Verfremdung maßgebend beteiligt waren – zumal, wenn man die geringe Bevölkerungsdichte des Kreises in Betracht zieht.

Das Sylter Ergebnis dieser Wahl, die in Schleswig-Holstein der NSDAP 51 Prozent vor allem auf Kosten der DVP, der Staatspartei, der Wirtschaftspartei und in geringerem Maße der SPD einbrachte, müssen wir also ausklammern. Einen gewissen Ersatz liefert die *Landtagswahl vom 24. April 1932*, bei der die NSDAP gegenüber der letzten Wahl über 700 weitere Wähler auf der Insel gewinnen konnte, vor allem zu Lasten der Rechts- und Mittelparteien, während SPD und KPD etwa ihre bisherigen Positionen halten konnten. Damit entsprach das insulare Ergebnis den Tendenzen im Lande[2].

Auch bei der nächsten Wahl – der fünften in diesem Jahr – setzt sich der bisherige Trend weiter fort. Zwar müssen die Nationalsozialisten bei der *Reichstagswahl vom 6. November 1932* ebenso wie im Reich auch auf Sylt zeitweise Verluste in Kauf nehmen, die der DNVP zugute kamen, aber auch die SPD, DStP und DVP waren mehr oder minder auf der Verliererseite. Erstaunlich ist jedoch die Tatsache, daß die NSDAP im Kreise Südtondern trotz der starken Fremdbeeinflussung bei der Juliwahl ihren Stimmenanteil vom Juli bis November um fast 4 Prozent auf 68,2 Prozent steigern konnte und in dieser Hinsicht eine Ausnahme in Schleswig-Holstein darstellte. Ein nie wieder erreichtes Ergebnis konnte die Sylter KPD mit 421 Stimmen für sich verbuchen.

Das Wahlergebnis insgesamt bildete – wenn auch nach langem politischen Pokerspiel – die Grundlage für die »Machtübernahme« im Reich am 30. Januar 1933, die auch von den Sylter Nationalsozialisten dem Berliner Vorbild entsprechend propagandistisch ausgewertet wurde.

Da der *Reichstag* am 1. Januar 1933 wieder aufgelöst wurde, mußten die Wähler *am 5. März 1933* abermals ihre Stimme abgeben. Über dieser Wahl lagen bereits die Schatten der Diktatur, da die scharfe Einschränkung der Presse- und Meinungsfreiheit (4. Februar 1933) und die Aufhebung der Grundrechte (28. Februar 1933) die politische Willensbildung stark beeinträchtigten. Auf Sylt waren es die Kommunisten, die diesen neuen Kurs zu spüren bekamen. So wurden in Westerland am 1. März 1933 bei 17 Mitgliedern der KPD Haussuchungen durchgeführt und »sämtliche vorgefundenen Zeitschriften und Flugblätter« beschlagnahmt. »Bei der Durchsicht« mußte aber die Polizei feststellen, daß es sich entweder »um Exemplare älteren Datums« handelte oder »um solche, die kurz vor dem allgemeinen Verbot der kommunistischen Presse herausgekommen sind. Waffen bzw. Druckschriften zersetzenden Inhalts und solche, die zu strafbaren Handlungen auffordern, wurden nicht gefunden.«

Da diese Aktion wenig Erfolg hatte, bekam einige Tage später die Polizei »vertrauliche Anzeigen«, bei zwei Westerländer KPD-Mitgliedern seien Waffen versteckt, und kommunistische Funktionäre würden sich bei ihnen aufhalten. Bei den Hausdurchsuchungen (4. März 1933) überraschte die Polizei zwar in einem Falle »10 hiesige kommunistische Mitglieder, die dort anscheinend eine Stubenversammlung abhielten«, und entdeckte ein feststehendes Messer und drei Gummiknüppel; aber Schußwaffen und Propagandamaterial wurden nicht gefunden. In dem anderen Falle brachte die Polizeiaktion – außer alten Zeitschriften und Flugblättern – nichts Belastendes zutage[3].

Neben dieser Unterdrückung des politischen Gegners führten die Nationalsozialisten auf Sylt mit Hilfe von Propagandafilmen und dem Einsatz auswärtiger Redner einen äußerst intensiven Wahlkampf. Der Erfolg blieb nicht aus: Die Kommunisten verloren auf der Insel über 20 Prozent an Stimmen, während die NSDAP über 25 Prozent neue Wähler gewann. Abgesehen von der Deutschnationalen Volkspartei und – in ganz geringem Maße – auch von der Staatspartei, standen alle anderen Parteien auf der Verliererseite.

Wenn auch die NSDAP mit 75 Prozent aller abgegebenen Stimmen als eindeutige Siegerin dieser Wahl im Kreise Südtondern hervorging, so war doch das Gesamtergebnis von 43,9 Prozent im Reich für sie enttäuschend. Aber mit Hilfe von Terror, Einschüchterung und Unterdrückung sollte die Partei bald die ganze Macht in Händen halten. Deutlich spiegelt sich diese Politik in der letzten Wahl dieses Jahres, der ersten *Volksabstimmung* der neuen Machthaber des Einparteienstaates *am 12. November 1933* wider, an der sich die Sylter zu 95 Prozent beteiligten.

Es ging in dieser Abstimmung an sich um die Freiheit des Deutschen Reiches, aus dem Völkerbund auszutreten, und damit um die Wiederherstellung voller außenpolitischer Souveränität. Doch Hitler verquickte diese Frage durch eine allgemeinere Formulierung mit seiner Politik im ganzen, ja dieses Einheitsplebiszit war gleichzeitig zur Reichstagswahl deklariert. Unter terroristischem Wahlzwang konnte man nur zustimmen (und das hieß: NSDAP wählen) oder leer einlegen (und das hieß: ungültig). Damit wurde »die Reihe jener Ja-Plebiszite eröffnet, die in totalitären Diktaturen zu den bevorzugten Mitteln der pseudolegalen, pseudodemokratischen Selbstbestätigung zählen«.

Sylt erbrachte 3993 NSDAP-Stimmen und 338 leere Wahlscheine. Da das Ergebnis für die Nationalsozialisten im Stimmbezirk Westerland-Ost, der sich bei den vorherigen Wahlen immer als Hochburg der sozialistischen Parteien gezeigt hatte, mit 154 ungültigen Stimmen verhältnismäßig ungünstig ausgefallen war, begannen sie sofort mit einer ideologischen Offensive, um die Reste der noch bestehenden Opposition zu beseitigen[4].

»Heil Hitler!« gegen »Rot-Front!« – »Hunger! Arbeit!«
Die kommunalpolitische Entwicklung von 1929 bis 1933

Nun war Berlin, trotz allem, fern. Die geballten reichspolitischen Wahlgänge in den Jahren 1932 und 1933 – nämlich die Reichspräsidentenwahl mit zwei Wahlgängen sowie zwei Reichstagswahlen 1932, eine Reichstagswahl und schließlich ein Plebiszit mit Ermächtigung zur Neubildung des Reichstags 1933 – mochten das Leben der Sylter noch so stark mitbestimmen, eine sofortige und »mechanische« Umkrempelung des politischen Lebens auf unterer Ebene bedeuteten sie nicht. Der rasche Ausbau des NS-Machtapparats mochte das staatsbürgerliche Klima noch so sehr radikalisieren, für die »Machtergreifung« auch auf der Insel war zunächst der Machtkampf auch innerhalb der eingewohnten politischen Strukturen des Nahbereichs nötig.

Man kann sich theoretisch fragen, ob die Übernahme des Reichspräsidentenamtes durch Hitler im Jahr 1932 – wie es dem Mehrheitswunsch der Sylter entsprochen hätte – den Umbruch beschleunigt haben würde. Die Frage ist nicht nur theoretisch, sie scheint auch fast müßig. Die gut zwei Jahre von der Präsidentenwahl im Frühjahr 1932, die im Reich doch noch eine knappe Wiederwahl Hindenburgs brachte, bis zum Tod Hindenburgs im August 1934 brauchte Hitler so oder so, um die NSDAP auf allen Ebenen und in allen politischen und gesellschaftlichen Positionen als Einheitspartei und Einheitsorganisation durchzusetzen. Es war auch so noch ein Vorgang von unerhörter Rasanz.

So vollzog sich die Entwicklung im kommunalen Bereich der Insel Sylt von 1929 bis 1933 zwar im Schatten der Reichspolitik. Doch es war – wie im übrigen Reich – zunächst die wachsende wirtschaftliche Not des Alltags, welche diese Entwicklung bestimmte und der parteipolitischen Radikalisierung Tür und Tor öffnete. Dagegen mußten die Feindschaften zwischen der »traditionellen« und der neuen Rechten, zwischen DNVP und NSDAP, zwischen Stahlhelm und SA, Hindenburg und Hitler als fernes, geisterhaftes Theater wirken. Der »Tannenberg-Bund«, der sich ausdrücklich auf Hindenburg berief, galt als rechtsradikal und wurde polizeilich überwacht. Und ob auf der Linken der Gegensatz zwischen SPD (mit Gewerkschaften, Genossenschaften und Reichsbanner Schwarz-Rot-Gold) und KPD (mit Roter Hilfe, Erwerbslosenausschuß, Revolutionärer Gewerkschaftsorganisation und Verband der proletarischen Freidenker) als Gegensatz zwischen demokratischer Republik und sozialistischer Diktatur gesehen wurde, bleibt fraglich. Die vorhandenen Quellen erlauben nicht eine gesicherte Interpretation.

Bei den letzten Kommunalwahlen von 1929 hatten die Kommunisten in Westerland und in Tinnum je einen Sitz in der Gemeindevertretung errungen. Von dieser politischen Bühne aus konnten sie ihre Radikalität zum Ausdruck bringen. Besonders in der Westerländer Stadtverwaltung änderte sich durch die Attacken des KPD-Vertreters schlagartig das politische Klima, das bis dahin durch sachliche Bedächtigkeit gekennzeichnet gewesen war. So forderte er gleich beim ersten Zusammentreffen der neugewählten Stadtvertretung Lieferung von Lernmitteln und Milch auf städtische Kosten an die Kinder Erwerbsloser, ermäßigte Preise für Strom und Gas und Zahlung einer Weihnachtsbeihilfe für Notleidende, wofür er die Mittel aus dem zu sperrenden Etat für die Seelsorge sowie durch eine Besteuerung von Schoßhündchen und Klavieren bereitstellen wollte. Ferner rief er bei einer anderen Sitzung die Stadtverwaltung zum Steuerboykott auf, damit man nicht weiterhin in Westerland »Hausdiener, Gendarm und Gerichtsvollzieher für Brüning, Severing und Braun« spielen müsse. Auch das Inventar des Westerländer Sitzungssaales wollte er teilweise verändern, indem er vorschlug, die Ledersessel der Abgeordneten zu verkaufen und durch einfache Schusterschemel zu ersetzen. Daß seine Agitation ihre Wirkung auf die zahlreichen Erwerbslosen der Insel nicht verfehlte, beweisen die verhältnismäßig hohen Stimmenanteile der KPD auf der Insel[1].

Unterstützt wurden diese Auftritte des KPD-Vertreters durch eine im Lauf der Zeit anwachsende Zuschauerzahl, die zum größten Teil aus Arbeitslosen bestand und derartige Forderungen mit Beifall, die Argumente der gemäßigten und konservativen Stadtverordneten hingegen mit Ausbrüchen von Mißfallen quittierte. Sodann gesellten sich auch mehr und mehr Nationalsozialisten in den Zuhörerraum. Die Sitzungen verliefen schließlich so turbulent, daß die Stadtverwaltung sich veranlaßt sah, durch Reservierung von Platzkarten unliebsame Zuschauerkreise von den Sitzungen fernzuhalten.

Ein eindrucksvolles Stimmungsbild der Atmosphäre in der kommunalpolitischen Auseinandersetzung gibt der Bericht über die Westerländer Stadtvertretersitzung vom Dezember 1932. Ausgangspunkt der Szene war eine Ablehnung der Erhöhung der Fürsorge-Richtsätze für Sylt: »Als die Aufforderung zum Verlassen des Sitzungssaales an die Zuhörer ergeht, setzen sich die...Kundgebungen fort. Ein Sprechchor ruft ›Hunger!‹ und fordert ›Arbeit!‹; eine Flut von Beschimpfungen wird nach der Rechten Seite des Hauses hinübergerufen, während die ›Rot-Front-Rufe‹ der Kommunisten von den ebenfalls in starker Anzahl vertretenen Nationalsozialisten mit ›Heil-Hitler-Rufen‹ quittiert werden. Die Erregung, die sich hier bemerkbar gemacht hatte, setzt sich auf den Straßen in den Diskussionen der einzelnen Gruppen fort. Kleine Trupps ziehen später noch singend durch die Stadt.«

Auch versuchten die Kommunisten von der Straße her Einfluß auf die Entscheidungen der Stadtvertreter auszuüben, indem KPD-Trupps in-

Große öffentliche
SPD.-Wählerversammlung

Montag, den 27. Februar 1933, abends 8 Uhr,
in Westerland, in Matz Peters Gasthof

Referent:

Stadtrat W. Verdieck, Kiel

Volksgenossinnen und Volksgenossen!
Erscheint in Massen zu dieser Versammlung.
Eintritt 20 Pf., Arbeitslose und Rentner 10 Pf.

Der Vorstand der Eisernen Front

nerhalb der Stadt an verschiedenen Stellen im Chor Hunger-Rufe ausstießen[2].

Im Gegensatz zur KPD bemühten sich sowohl die bürgerlichen als auch die SPD-Vertreter um eine sachliche Lösung der zahlreichen kommunalen Probleme. Doch waren ihnen hierbei durch die finanzielle Notlage weitgehend die Hände gebunden.

Den Nationalsozialisten stand auf Sylt noch nicht die kommunalpolitische Bühne zur Verfügung, doch schon im September 1931 bereiteten sie sich zum Sturm auf die Gemeindevertretungen vor und bildeten Ausschüsse für kommunale, steuerliche und soziale Fragen. Neben der problembezogenen und gleichzeitig ideologischen Ausbildung ihrer künftigen Kandidaten griffen die Nationalsozialisten mit Hilfe der Presse in das kommunale Geschehen ein. Den Ansatzpunkt hierzu gab der Stadtvertreterbeschluß vom 19. Oktober 1932, der vorsah, das ausgearbeitete Arbeitsbeschaffungsprogramm nicht mit Hilfe des Freiwilligen Arbeitsdienstes durchzuführen, weil das keine Besserung der wirtschaftlichen Not bedeutet hätte. Der Ortsgruppenleiter der Sylter NSDAP dagegen forderte in zwei in der Sylter Zeitung unter der Rubrik »Offener Sprechsaal« veröffentlichten Briefen die Aufhebung dieses Beschlusses, »damit am Morgen des ersten Werktages im neuen Jahr der Ruf im Arbeitslager Sylt erschalle: ›Frisch ans Werk, Kameraden!‹«

Der an anderer Stelle schon erwähnte Ausbau von Deichen, der die betroffenen kommunalen Gremien beschäftigte, bot den Nationalsozialisten eine günstige Gelegenheit, mit Hilfe von »Offenen Briefen« einerseits ihre Pläne einer Arbeitsdienstpflicht zu propagieren, andererseits dabei ihre These von der Erweiterung des deutschen Lebensraumes zu vertreten[3]. Doch auch dieser Versuch eines Eingriffs in die kommunale Kompetenz blieb – vorläufig jedenfalls – ohne Erfolg.

Erst die Gemeindewahl im März 1933 verhalf den Nationalsozialisten zum entscheidenden Einbruch in die kommunalen Bezirke Sylts.

1933–1935

»Dieselbe Gleichschaltung
wie
im Reich und in Preußen«

Wilhelm Lobsien: Nordmark (1920), sechste Strophe

Der dunkelste Tag und die allerbitterste Not
Soll uns nicht müde machen! Es leuchtet ein Morgenrot
Auch über uns. Dann tragen wir unsere Fahnen
Wieder hinauf und stossen sie in den Grund,
Der unser ist, und tun es noch einmal kund,
Unser stolzestes Wort, unser Herrenwort:
    Lewer dot as Slav!

Kurt Tucholsky: Das dritte Reich (1930), vierte Strophe

Und wendisch und kaschubisch reine Arier.
Ja, richtig ... Und die Proletarier!
Für die sind wir die Original-Befreier!
Die danken Gott in jeder Morgenfeier
    und merken gleich:
Sie sind genau so arme Luder wie vorher,
genau solch schuftendes und graues Heer,
genau so arme Schelme ohne Halm und Haber –
    Aber:
    im dritten Reich.

Mit gezinkten Karten in das Rathaus und den Kreistag
Die Kommunalwahl und Kreistagswahl vom 12. März 1933

Als die Sylter am 12. März 1933 zur Wahlurne gegangen waren und ihre Entscheidung über die politische Zusammensetzung der Gemeindevertretungen, des Kreistags und des Provinziallandtags gefällt hatten, waren sie wohl mit dem Kommentar der Sylter Zeitung der gleichen Meinung, für die kommenden vier Jahre die politische Richtung auf diesen Ebenen bestimmt zu haben. Daß es für mehr als ein Jahrzehnt *das letzte freie Votum* sein sollte, hat wohl kaum jemand geahnt.

Zum erstenmal kandidierten die Nationalsozialisten diesmal auch bei einer Gemeinde- und Kreistagswahl und trugen somit – neben der SPD und KPD – zu einer weiteren parteipolitischen Akzentuierung auf der kommunalen Ebene bei. Doch dieser Vorgang verlief auf Sylt nicht einheitlich; denn nur in Westerland, Keitum und List fand die NSDAP Mitglieder, die bereit waren, sich unter parteipolitischer Firmierung den Wählern zu stellen. In allen übrigen Gemeinden der Insel mußten sich die Nationalsozialisten bemühen, ihre Kandidaten – mehr oder minder versteckt – in scheinbar parteipolitisch neutralen Listenverbindungen unterzubringen, um auf diesem Umweg den Einstieg in die Gemeindevertretungen zu schaffen.

Der Anteil der NS-Mitglieder ist in den einzelnen Gruppen recht unterschiedlich, teilweise ist er auch schwer erkennbar und kann nur aus späteren Unterlagen erschlossen werden. Ziemlich eindeutig hingegen war zum Beispiel die Situation in Tinnum, wo sich NS-Mitglieder und Sympathisanten der NS-Politik unter der neutralen Bezeichnung »Bürgerblock« präsentierten[1], sich aber nach der Wahl als Vertreter des neuen Regimes entpuppten.

Trotz Hitlers »Machtübernahme« als Reichskanzler im Januar ging man im April 1933 auf unterer Ebene also noch behutsam, ja teilweise fast nach den Spielregeln einer illegalen Organisation vor. Es kann sein, daß der insgesamt für die Nationalsozialisten enttäuschende Ausgang der Reichstagswahl vom 5. März dieses Vorgehen als tunlich erscheinen ließ. Vielleicht gab aber einfach eine traditionelle Abneigung zur parteipolitischen Fraktionierung der Kommunalpolitik den Ausschlag.

Nach ähnlichem Rezept ging bei dieser Wahl auch die KPD vor. Nur in den Orten, wo sie sich größere Stimmengewinne ausrechnete, trat sie offen als Partei auf. Neben Westerland und Tinnum – hier hatte sie bereits bei der Kommunalwahl von 1929 je einen Kandidaten durchgebracht – stellte sie sich jetzt auch noch in Morsum offen dem Wahlkampf. In Wenningstedt hingegen erschienen die Kandidaten der KPD auf einer

»Arbeiter-Einheitsliste«, in Keitum unter der Tarnbezeichnung »Bauern und Arbeiter«.

Selbst die SPD schloß sich diesem parteipolitischen Versteckspiel an. Als Partei bewarb sie sich nur in Westerland. In Rantum dagegen traten ihre Kandidaten unter dem Kennwort »Vorwärts«, in Tinnum gar als »Gutbürgerliche Arbeiterschaft« auf[2].

Eine wichtige Rolle bei dieser kommunalen Entscheidung spielten auch die berufsständischen Verbände, die sich intensiv bemühten, bei den einzelnen Parteien oder Listenverbindungen möglichst zahlreich und gut plaziert berücksichtigt zu werden. Besonders deutlich wurde dieser Vorgang in Westerland, wo eine Listenverbindung »Wirtschaftliche Vereinigung« in der Kommunalwahl auftrat. Handwerker, Gastwirte, Hausbesitzer und andere am Wirtschaftsleben beteiligte Gruppen versuchten dabei, ihre jeweiligen Sonderinteressen durch die Nominierung eines geeigneten Kandidaten durchzusetzen. Das führte zu derartigen Spannungen, daß sich schließlich nicht nur einzelne Verbandsmitglieder von der Liste lossagten, sondern auch der Sylter Gastwirteverein seine schon nominierten Vertreter zurückzog und seinen Mitgliedern in Wahlaufrufen empfahl, die NSDAP zu wählen.

Daß die Nationalsozialisten diesen Vorgang mit besonderer Freude beobachteten und auch nach Kräften förderten, ist selbstverständlich, zumal sie durch die bürgerlichen Listenverbindungen eine Verminderung ihres Stimmenanteils befürchteten.

Von einem Wahlkampf auf kommunaler Ebene ist in den vorhandenen Unterlagen kaum etwas zu bemerken. Lediglich die schon erwähnten Auseinandersetzungen bei der Kandidatenaufstellung der »Wirtschaftlichen Vereinigung« wären in diesem Zusammenhang zu erwähnen. Ähnlich verlief die Entwicklung in den übrigen Sylter Gemeinden. Nur die Kandidatur eines Kommunisten in Morsum brachte etwas Unruhe in das dörfliche Leben.

Als einzige Partei hielt die NSDAP am 8. März in Westerland eine kommunalpolitische Versammlung ab, auf der ein festländischer Redner sprach, der natürlich zu örtlichen Problemen und Zielsetzungen künftiger Kommunalpolitik im einzelnen keine Stellung beziehen konnte und sich daher fast ausschließlich mit allgemeinen Phrasen der NS-Ideologie beschäftigte[3].

Eine größere Aktivität entwickelte die NSDAP nur mit einer Anzeigenkampagne in der Sylter Zeitung; hier nahm sie eine eindeutige Spitzenstellung ein, während die andern Parteien und Listenverbindungen in weit geringerem Maß mit diesem Mittel Wahlkampf machten.

Soweit unter den geschilderten Verhältnissen die Listenergebnisse auch als Parteierfolge interpretiert werden können, ergibt sich für Sylt insgesamt (Ergebnisse der einzelnen Stimmbezirke im Anhang) das folgende Bild: In den drei Stimmbezirken von Westerland erzielte die NSDAP mit 676 Stimmen 6 Mandate (bisher keines), die SPD mit 493 Stimmen 5 Mandate (bisher 4), die Kommunisten mit 142 Stimmen 1 Mandat (wie bisher); daneben wurden in Westerland 2 Mandate über die Liste »Wirtschaftliche Vereinigung« und 1 Mandat über die »Beamten-Liste« gewählt.

In den Dörfern holte sich die NSDAP 6 von 12 Mandaten in Keitum, 5 von 9 Mandaten in List; am »Bürgerblock« in Tinnum, der 6 von 9 Mandaten erkämpfte, und an der Liste »Lorentzen« in Morsum, die 8 von 9 Mandaten holte, war sie beteiligt, doch offensichtlich nicht mehrheitlich. Die SPD holte sich als »Gemeinwohl« in Keitum 2 von 12 Sitzen, als »Vorwärts« in Rantum 2 von 6 Mandaten, als »Gutbürgerliche Arbeiterschaft« in Tinnum 2 von 13 Mandaten; in Kampen war sie an der Liste »Gemeinwohl vor Eigennutz«, die 4 von 9 Mandaten eroberte, beteiligt. Die KPD holte sich mit Parteilisten in Morsum und Tinnum je 1 Mandat; ihre Tarnlisten (»Arbeiter und Bauern« in Keitum, »Arbeiter-Einheitsliste« in Wenningstedt) waren erfolglos.

Dieses Wahlresultat zeigt, daß es den Nationalsozialisten nur in List gelang, die Mehrheit in einer Gemeindevertretung zu bekommen. In Westerland und Keitum stellten sie zwar jeweils die stärkste Fraktion, waren aber hier auf die Zusammenarbeit mit andern Gruppen angewiesen. Die SPD konnte im Vergleich zur letzten Kommunalwahl ihren Stimmenanteil wieder verstärken und in Westerland 1 Mandat zurückholen. Die KPD konnte ihren Einfluß erweitern und zu den beiden Mandaten in Westerland und Tinnum auch eines in Morsum erobern.

Es ist typisch für die politische Einstellung dieser Zeit, daß geringe Wahlerfolge der Dänen – in der Kreistagswahl – und der Kommunisten die Gemüter mehr erregte als ein Rekordergebnis der NSDAP. So veranlaßte dieser KPD-Gewinn in Morsum die Sylter Zeitung zu folgendem Kommentar: »Zu den Gemeindewahlen haben wir eine Überraschung erlebt. Es ist im Grunde doch recht traurig um unser Deutschtum bestellt, wenn in solchen Gemeinden, in denen man sich freute über eine Einheitsliste zu den Wahlen, nun zuletzt doch eine solche Uneinigkeit zutage kommt, die lieber wesensfremden Kommunisten ihre Stimme gibt als den altbekannten und bewährten Dorfbewohnern. Dank dieser Uneinigkeit ist in unserer Gemeindevertretung zum ersten Male ein Kommunist gewählt.«

Als aber bei der Kreistagswahl des gleichen Tags die Stimmenanteile der Kommunisten zurückgingen, die dänisch orientierte Liste Friesland jedoch Stimmen gewann, da lag es für die Zeitung nahe, »sich des Zusammenhanges zwischen dänischen und kommunistischen Stimmen zu erinnern«. Und selbst als die KPD schon längst von der politischen Bühne abgedrängt war und am 12. November 1933 die Reihe der NS-Plebiszite eröffnet wurde, appellierte ein Zeitungsartikel an die Morsumer, »die Schmach der 42 Stimmen für den Morsumer Kommunistenhäuptling durch ein 100 Prozent Ja für den Führer« zu tilgen[4].

Mit diesen Folgerungen ist aber schon die Interpretationsmöglichkeit der kommunalen Statistik im wesentlichen ausgeschöpft. Die parteipolitisch scheinbar neutralen Listen und die lokal begrenzten, auf den Personen beruhenden Mandate setzen hier ein Ende.

Um ein weitgehend von lokalen Kriterien und Personenkonstellationen unverfälschtes Bild zu erhalten, ist es erforderlich, die *Kreistagswahlergebnisse* zur eindeutigen Klärung des politischen Standorts der Sylter heranzuziehen. Die Kreistagswahl fand am gleichen Tage statt und war diesmal – im Gegensatz zu früheren Wahlen – ausschließlich parteipolitisch orientiert.

In Sylt wurden bei der Kreistagswahl die folgenden Ergebnisse erzielt (Aufschlüsselung nach Wahlbezirken im Anhang): NSDAP 1873 (Kreis Südtondern 12 466), SPD 701 (Südtondern 1769) und KPD 262 (Südtondern 415). Auf die rechtsbürgerliche Kampffront »Schwarz-Weiß-Rot« entfielen 468 Stimmen (Südtondern 2387), auf die dänisch orientierte Liste »Friesland« 33 (Südtondern 533) und auf »Sonstige« schließlich 23 (Südtondern 523). Die Ergebnisse der Provinziallandtagswahl waren fast identisch mit denen der Kreistagswahl.

Der Vergleich zwischen Kommunal- und Kreistagswahl eröffnet einige interessante Perspektiven. So hat die NSDAP in allen Orten, in denen sie auch in der Gemeindewahl kandidierte, dort schlechter abgeschnitten als in der Kreistagswahl. Besonders auffällig ist dieser Unterschied in Keitum; hier erhielten die Nationalsozialisten bei der Kommunalwahl 142, bei der Kreistagswahl aber 247 Stimmen. In geringerem Maß trifft das auch für Westerland und List zu. In Westerland wählten bei der Kommunalwahl 676 Bürger NSDAP, bei der Kreistagswahl aber 811; in List bei der Kommunalwahl 98, bei der gleichzeitigen Kreistagswahl aber 140.

Man hatte offenbar eine gewisse Furcht, daß die Konfrontation verschiedener Ideologien im kommunalen Bereich das friedliche Zusammenleben der Bewohner zerstören und sich nachteilig auf das öffentliche und private Lebnen auswirken könnte. Aus diesem Grund wählten manche in der Gemeinde lieber eine durch Personen, die sie kannten, profilierte Gruppe als eine ideologisch geprägte Parteiliste. Für Gremien, deren Zusammensetzung man ohnehin nicht überblickte, wie Kreistag und Provinziallandtag, fiel diese Hemmung weg.

Eine entsprechende Scheu kann man auch aus den Ergebnissen der KPD in Westerland und Tinnum ablesen. In Westerland gaben bei der Gemeindewahl 142 Wähler der KPD ihre Stimme, bei der Kreistagswahl aber 168; in Tinnum waren es bei der Gemeindewahl 33, bei der Kreistagswahl 50. Morsum hingegen machte diesen Trend nicht mit, im Gegenteil: hier gab es zur Gemeindewahl 42 KPD-Stimmen, zur Kreistagswahl indessen nur 13. Man darf daraus wohl schließen, daß der »Kommunistenhäuptling« in Morsum in der Gemeindewahl einen persönlichen Vertrauensbeweis erhielt.

Der Vergleich der Ergebnisse in den Gemeinden gibt nun auch Auskunft darüber, wie hoch etwa der Stimmenanteil der Nationalsozialisten in den Orten war, wo keine eigenen NSDAP-Listen existierten; unter den »Lorentzen«-Wählern in Morsum, den »Bürgerblock«-Wählern in Tinnum und den Wählern der Einheitsliste von Archsum muß es eine große Zahl von NS-Anhängern gegeben haben.

Insgesamt läßt sich aufgrund der Kreistagswahlergebnisse sagen, daß sich in Westerland etwa 45 Prozent, in den übrigen Sylter Gemeinden etwa 70 Prozent an diesem 12. März 1933 für die NSDAP entschieden. Das waren etwas weniger als bei der Reichstagswahl vom 5. März, und man kann darin vielleicht ein Moment des Schwankens und der Irritation vor einem gewalttätigen Weg in die Zukunft erkennen. Es ist sicher kein Zufall, daß gerade bei der Bestellung des allernächsten politischen Kommunikationsbereichs sich diese Irritation für einen Augenblick einstellte. Doch Widerstand war dieses Zögern kaum; es wurde schon nicht mehr artikuliert.

Bemerkenswert sind für den Chronisten immerhin zwei für Sylt spezifische Ergebnisse: Die Kommunisten konnten hier – trotz leichter Verluste im Vergleich mit der Reichstagswahl – ihre Position halten; von den insgesamt 415 KPD-Stimmen des Kreises Südtondern bei dieser Kreistagswahl kamen mehr als die Hälfte, nämlich 262, von Sylt. Und: Die dänisch orientierte Kreisliste »Friesland« fand auch auf Sylt punktuell neue Sympathien. Das scheinbar irreguläre Ergebnis von Morsum (bei der Gemeindewahl 42 sonst nie erreichte KPD-Wähler, bei der Kreistagswahl hingegen nur 13 KPD-Stimmen, doch 22 für die Liste »Friesland«, was mehr als die Hälfte der Sylter »Friesland«-Stimmen sind) könnte einen zur Spekulation verleiten, sich vorzustellen, wie sich da tatsächlich einige Wähler die Möglichkeiten einer Widerstandsstrategie überlegt haben und in bewußter Abwägung der Chancen zum Schluß kamen: in der Gemeinde KPD zu wählen, für den Kreistag aber »Friesland« (denn im Kreis Südtondern insgesamt gab es mehr »Friesland«-Wähler als Kommunisten).

Doch, wie gesagt, das ist nicht mehr gesicherte Interpretation, sondern spekulative Ausmalung des ungewöhnlichen Wahlergebnisses eines kleinen Dorfs. Die Zeit, nationalsozialistische Demonstranten »mit Knüppeln über den Damm zu jagen«, war längst vorbei.

Die Arroganz des neuen Regimes
Kommunale Entwicklung im Zeichen der totalitären Machtergreifung

Als am 1. April 1933 die neugewählte Westerländer Stadtvertretung zu ihrer konstituierenden Sitzung zusammentrat, hatte sich nicht nur die politische Zusammensetzung dieses Gremiums, sondern auch der äußere Rahmen grundlegend verändert. So waren die sechs nationalsozialistischen Stadtvertreter in ihren Braunhemden, »den Ehrenkleidern der Nation«, erschienen. An den Wänden des Sitzungssaals hatte sich die SA postiert, und neben der schwarz-weiß-roten Fahne hing das Symbol des neuen Regimes, die Hakenkreuzfahne.

Dieser äußere Rahmen spiegelte auch die neuen Machtverhältnisse in der Stadtvertretung wider, die – nach der programmatischen Erklärung der NS-Fraktion – den »überragenden Einfluß der nationalsozialistischen Idee und den Willen des Führers in die Tat umsetzen« wollte. Diese Zuversicht basierte nicht auf den sechs NSDAP-Mandaten, sondern war das Resultat einer Koalitionsabsprache mit den Vertretern der »Wirtschaftlichen Vereinigung« und dem Mandatsträger der »Beamtenliste«. Diese Gruppe besaß neun Stimmen, die sie auch geschlossen bei allen Posten- und Ausschußbesetzungen einsetzte. Daß diese Koalition den Nationalsozialisten nur dazu diente, zunächst einmal an die Macht zu kommen, war offensichtlich; denn schon Mitte Mai traten der Vertreter der Beamtenliste, der Zweite Ratmann und ein Abgeordneter der

»Wirtschaftlichen Vereinigung« der NSDAP bei, die *mit nun neun Mandaten die absolute Mehrheit* im Stadtparlament besaß.

Dieser nicht demokratisch abgesicherten, sondern manipulierten Machterweiterung der Nationalsozialisten stand eine ebenso manipulierte Schwächung der SPD gegenüber. Zwar hatte sie fünf Mandate errungen (eines mehr als bei der für sie aus lokalen Gründen enttäuschend verlaufenen Kommunalwahl von 1929). Doch mußte sie schon vor der ersten Sitzung drei Kandidaten austauschen. Denn nach einer eilig verabschiedeten neuen Verordnung der preußischen Regierung (Innenminister: Göring) vom März 1933 durften Beamte, Angestellte und Arbeiter einer Gemeinde nicht mehr gleichzeitig Gemeindevertreter sein. Die SPD wurde von dieser Maßnahme am härtesten getroffen, weil damit fünf der acht Kandidaten ihrer Liste plötzlich ausfielen – und gegen die SPD (nicht nur auf Sylt) richtete sich diese Verordnung ganz offensichtlich. So konnte sie auch keine Nachfolger präsentieren, als im Mai zwei weitere SPD-Abgeordnete ihre Mandate niederlegten. Der Rücktritt erfolgte dennoch, und damit besaß die SPD nur noch drei Sitze im Stadtparlament, statt der gewählten fünf, und sie hatte keine Ersatzkandidaten mehr, die nach der neuen Verordnung überhaupt ihr Mandat hätten übernehmen können.

So war es kein Wunder, daß sich der damalige Fraktionssprecher der SPD im Stadtparlament, Andreas Nielsen, leidenschaftlich gegen die Rücktrittsabsichten seiner zwei Kollegen wandte und ihre vorgebrachten Gründe nicht akzeptieren wollte. Der eine hatte wirtschaftliche Gründe für seinen Entschluß angeführt; der andere hatte erklärt, »in Anbetracht der politischen Umwälzungen auch hier am Orte ... der Arbeit der Mehrheit nicht im Wege« stehen zu wollen[1]. Es ist wohl anzunehmen, daß die gesamte politische Lage die SPD-Vertreter in diese Resignation getrieben hat. Gegen die Stimmen der drei (letzten) verbleibenden Abgeordneten der SPD, aber mit den Stimmen der inzwischen auf 9 angewachsenen NSDAP-Fraktion wurde dem Rücktrittsersuchen der zwei stattgegeben. Das Westerländer Stadtparlament setzte sich nun also – in Verfälschung des Wählerwillens – zusammen aus 9 Nationalsozialisten und 3 Sozialdemokraten. Und es sollte nicht lange bei dieser gewaltsam reduzierten Minderheitsvertretung der demokratischen Linken bleiben.

Schon auf der ersten Sitzung des Stadtparlaments hatte der Fraktionssprecher der SPD erklärt, daß die Westerländer SPD-Vertreter »in Zukunft nicht mehr als Beauftragte einer politischen Partei, sondern nur noch als Arbeitervertreter« ihr Mandat wahrnehmen wollten. Das war zweifellos ein taktischer Zug, um das sich schon bereits anbahnende *Parteienverbot* zu umgehen; doch als im Mai die Nationalsozialisten die *SPD im Reich verboten*, war auch die Arbeit dieser Gruppe im Westerländer Stadtparlament vorbei. Die Polizei führte im Mai und Juni bei den

Funktionären und einzelnen Mitgliedern der SPD und des Reichsbanners Schwarz-Rot-Gold Haussuchungen durch und beschlagnahmte einige Parteiunterlagen. Vermögenswerte wurden bei ihnen nicht gefunden, da die Ortsgruppen der Parteien sich »bereits im Februar aufgelöst und das bis dahin in ihrem Gewahrsam befindliche Eigentum den Bezirksgruppen ... übersandt« hätten. Ein Mitglied wurde in »Schutzhaft« genommen. Im Dezember des gleichen Jahres wurde das der Arbeiter-Wohlfahrt Hamburg gehörende »Vereinshaus« im Osten Westerlands von den Nationalsozialisten enteignet und einem linientreuen Gastwirt übergeben, der in den Räumen »altsylter Gastlichkeit mit dem Geiste des neuen Deutschlands vereinen« wollte[2].

Damit war die SPD, die jahrzehntelang einen entscheidenden Einfluß auf das kommunale Leben der Stadt Westerland ausgeübt hatte, innerhalb kurzer Zeit aus der politischen Landschaft völlig verschwunden.

Die *Kommunisten* hatten diesen Prozeß bereits hinter sich. Schon im März waren bei einigen von ihnen – wie schon berichtet – Haussuchungen durchgeführt worden. Als die drei gewählten KPD-Abgeordneten in Westerland, Tinnum und Morsum ihre Mandate übernehmen wollten, wurde ihnen das von den neuen Machthabern mit der Begründung verweigert, gegen ihre Partei in der Gesamtheit bestehe wegen der bekannten Vorkommnisse im Reich der Verdacht des Hochverrats. Kurz bevor die Gemeindevertretungen zu ihren ersten Sitzungen zusammentraten, wurden die drei gewählten KPD-Vertreter aus Westerland, Morsum und Tinnum zusammen mit acht weiteren Funktionären der Partei von der SA und Polizei in »Schutzhaft« genommen, von der Insel wegtransportiert und in ein Sammellager auf dem Festland gebracht. Wiederum wurden »auf Grund einer vertraulich eingegangenen Mitteilung« einige Wohnungen »Am Dinghoog« – es waren städtische Notunterkünfte – nach Waffen und Propagandamaterial durchsucht, das angeblich in »heimlich eingebauten doppelten Böden« dort versteckt sein sollte. Aber außer einer zerlegten Schreibmaschine fand das SA- und Polizeikommando nichts [3].

Somit waren alle nicht nationalsozialistischen parteipolitischen Mandate innerhalb kürzester Zeit aus den Gemeindevertretungen der Insel verschwunden.

Über den Zerfall der Listenverbindungen und den Übertritt ihrer Kandidaten zur NSDAP in der Westerländer Stadtvertretung ist schon berichtet worden. Ein ähnlicher Prozeß läßt sich in den übrigen Sylter Gemeinden feststellen, wenn auch anfänglich die Vorgänge im einzelnen nicht so sichtbar wurden, zumal man nicht immer ohne weiteres erkennen kann, ob der betreffende Listenkandidat bereits vorher Mitglied der NSDAP war oder erst später dieser Partei beitrat. Auch die herangezogenen Gemeindeprotokolle geben nicht immer Auskunft über den parteipolitischen Standort der Vertreter.

Mit Sicherheit läßt sich aber feststellen, daß in Tinnum im Juni 1933 alle sechs Kandidaten des »Bürgerblocks« der NSDAP angehörten, denen noch für eine kurze Zeit zwei Vertreter der »Gutbürgerlichen Arbeiterschaft« (SPD) gegenüberstanden. Ebenso liegen für die Lister Gemeindevertretung entsprechende Unterlagen vor. Hier hatten die Nationalsozialisten bereits bei der Wahl fünf von neun Sitzen erringen können; schon im Mai 1933 hatte es die NSDAP durch Übertritte und Nachwahl auf acht Mandate gebracht. Auch für Wenningstedt und Archsum liegen Belege vor, daß die NSDAP dort ihre kommunale Position weiter ausbaute [4].

Bei der Wahl der neuen *Gemeindevorsteher* verlief die Entwicklung ebenfalls nicht einheitlich. In den meisten Sylter Gemeinden wurde der bisherige Amtsinhaber wiedergewählt, wenn auch mit unterschiedlichen Mehrheiten. Doch mußte die Kontinuität des Amtes zumeist mit einer Anpassung an das neue Regime bezahlt werden. In Keitum fand eine Neuwahl statt; der bisherige Gemeindevorsteher schied auf eigenen Antrag vorzeitig aus seinem Amt aus. In der Gemeinde Rantum hingegen war der alte zwar wiedergewählt worden, wurde aber bereits im April 1933 auf Veranlassung der Nationalsozialisten aus seinem Amt entfernt und durch seinen Vertreter ersetzt [5].

Einen besonders großen Raum in der öffentlichen Diskussion nahm die Besetzung der Westerländer Bürgermeisterstelle ein. Ursprünglich war von der alten Stadtvertretung vorgesehen worden, die am 15. April 1933 auslaufende Amtszeit auf 12 Jahre zu verlängern. Gegen diese Absicht wandte sich in scharfer Form der damalige Sylter Ortsgruppenleiter der NSDAP, wobei er die politischen Gründe geschickt zu verschleiern verstand. Durch die Neuwahl der Gemeindevertretungen, sagte er, sei eine veränderte Situation geschaffen worden. Auf Antrag der NS-Fraktion wurde die Neuwahl »in Anbetracht der bevorstehenden Badesaison und der vielen neuen Kräfte im Stadtverordnetenkollegium« bis zum 1. Oktober 1933 vertagt. Hier zeigte sich die auch anderswo im Reich angewandte Taktik der NSDAP, sich für eine Übergangsfrist die Mitarbeit von Fachkräften zu sichern, um sie dann zu gegebener Zeit durch Vertrauensleute des neuen Regimes zu ersetzen. So wurden dann auch am 29. September 1933 der Bürgermeister und der Badedirektor von der nationalsozialistischen Stadtverordnetenversammlung entlassen, und ein Nationalsozialist trat in Personalunion die Nachfolge an[6].

Den Schlußstrich unter diese antidemokratische Entwicklung auf dem kommunalen Sektor setzte das am 1. Januar 1934 in Kraft getretene neue Gemeindeverfassungsgesetz, das das *»Führerprinzip« auch auf der Gemeindeebene* einführte. Danach besaß der Bürgermeister oder Gemeindevorsteher die ausschließliche Verantwortung für alle Entscheidungen. Ihm zur Seite standen Beigeordnete oder Schöffen, die vom Staat auf 12 Jahre berufen wurden und sich in den meisten Fällen aus der Gruppe der NS-Funktionäre rekrutierten. Zwar gab es noch Gemeinderäte, aber sie hatten nur noch beratende Funktion, und ihre Kompetenz war auf den finanziellen Bereich beschränkt.

Das war das Ende aller bisherigen Gemeindevertretungen.

Neben dieser personellen und verfassungsrechtlichen Veränderung wurde der »neue Kurs« auch inhaltlich sichtbar. Schon bei der Konstituierung der neuen Stadt- und Gemeindevertretungen stand die Verleihung der Ehrenbürgerrechte an Hitler und (nun doch auch!) an Hindenburg auf der Tagesordnung, um »in klarer Erkenntnis des Führergeistes und der Führerpersönlichkeit die selbstverständliche Pflicht zu erfüllen, Gruß und Dank abzustatten an diese beiden Männer«, wie es in der Begründung des Antrags der Westerländer NS-Fraktion hieß.

Dieser Antrag ging nicht nur in Westerland, wo die SPD zu diesem Zeitpunkt noch 5 Mandate besaß, sondern auch in allen übrigen Sylter Gemeinden mit Ausnahme Tinnums – hier enthielten sich die beiden Vertreter der «Gutbürgerlichen Arbeiterschaft« der Stimme – einstimmig über die politische Bühne. Mit welchem Eifer die Nationalsozialisten bei dieser Aktion ans Werk gingen, wurde deutlich, als sie bereits am 8. April 1933 im Namen der »Stadt Westerland und alle(r) übrigen Gemeinden der Insel Sylt im äußersten Norden unseres Vaterlandes« die beiden Politiker um Annahme des Ehrenbürgerrechts baten, obwohl die Archsumer Gemeindeverwaltung noch nicht über diesen Antrag entschieden hatte.

Nachdem Hindenburg und Hitler diese Ehrung angenommen hatten, ließ man die entsprechenden Urkunden von auf Sylt ansässigen Künstlern eigens anfertigen[7].

Auch das Pflanzen einer Hitler-Eiche auf dem Keitumer Schulhof anläßlich seines Geburtstag am 20. April 1933, um »die Verbundenheit auch der Inselbevölkerung mit der Idee und dem Werk des Führers in besonders eindrucksvoller Weise zu bekunden«, gehört in die Reihe der spektakulären Aktionen des neuen Regimes.

Dagegen wurde der in einem Leserbrief von »einem alten Veteranen von 1870/71« geäußerte Wunsch, die hinter dem Westerländer Schützenhaus liegende Düne künftig als Hitler-Düne zu bezeichnen und hier täglich die Hakenkreuzfahne zu hissen, wohl wegen der Veränderlichkeit dieser Landschaftszone nicht in die Tat umgesetzt[8].

Auf der Kreisebene vollzog sich der Prozeß der nationalsozialistischen Machtergreifung in ähnlicher Weise. Für den neuen Kreistag hatte die NSDAP mit rund 69 Prozent aller abgegebenen Stimmen 15 von insgesamt 22 Mandaten erhalten. Es war daher nicht verwunderlich, daß schon die konstituierende Sitzung »in ihrem äußeren Rahmen wie auch im ganzen Verlauf zu einer eindrucksvollen Bekundung wurde«, weil sich der »neue Geist des neuen Deutschlands in der Bevölkerung des Kreises Südtondern so überwältigend durchgesetzt« habe. Ohne die Mandate der SPD und des einen dänisch orientierten Abgeordneten überhaupt zu berücksichtigen, besetzten die Nationalsozialisten und die Vertreter der »Kampffront Schwarz-Weiß-Rot« alle Ausschüsse und Kommissionen, wobei die NSDAP jeweil 5 von 6 Deputierten für sich beanspruchte.

Schon Anfang April 1933 war der bisherige Landrat auf Beschluß des preußischen Staatsministeriums in den einstweiligen Ruhestand versetzt worden. Sein Nachfolger war Nationalsozialist und zeichnete sich schon bei der erster Sitzung des Kreistages »durch zügelfeste Verhandlungsleitung à la Göring« aus, indem er die Punkte »ohne lange Diskussionen schneidig« erledigte[9].

Zu den ersten Maßnahmen dieses Gremiums gehörte es, auf Vorschlag der NSDAP auch für Sylt einen neuen Amtsvorsteher zu ernennen, um »dieselbe Gleichschaltung . . . wie im Reich und in Preußen« durchzuführen.

Jagd auf politische Gegner
SA und Polizei beim Ausbau des totalitären Terrors

Wie im übrigen Reich bauten die Nationalsozialisten auch auf Sylt auf ihrem Weg zur totalitären Diktatur die Macht über alle Bereiche durch Terror, Verbot und Gleichschaltung aus. Einen eindrucksvollen Beweis für das Prinzip des politischen Terrors der neuen Machthaber bekamen die Westerländer öffentlich demonstriert, als im Juni 1933 – man nahm jetzt keine Rücksicht mehr auf die Saison – ein einheimischer Arbeiter unter SA-Bewachung durch die Straßen geführt wurde, weil er Hitler beleidigt haben sollte. Dabei hatten die Nationalsozialisten ihm zwei Schilder mit folgenden Inschriften umgehängt: »*Ich roter Lump habe gesagt: Adolf Hitler ist der größte Arbeiterverräter*« und »*So geht es jedem, der unseren Führer Adolf Hitler und die SA beschimpft*«. Die anschließende Verhaftung wurde »wegen der zu erwartenden hohen Strafe« begründet und der Öffentlichkeit gegenüber durch die Bezeichnung »Schutzhaft« euphemistisch verschleiert[1].

Nationalsozialisten, eingeschleuste »Vertrauensleute« des neuen Regimes und Denunzianten sorgten dafür, daß die SA und die politische Polizei (die Vorläuferin der Geheimen Staatspolizei) genügend belastendes Material bekamen. Einige Beispiele aus dem durch Zufall erhaltenen Aktenmaterial dieser Behörde – es muß den Nationalsozialisten 1945 bei ihrer Verbrennungsaktion entgangen sein – sollen die politische Atmosphäre jener Zeit veranschaulichen.

Da erhielt der Westerländer SA-Führer im April 1933 das folgende anonyme Schreiben:

»Hatte vor edlichen Tagen eine zufällige Unterhaltung von Kommunisten gehört, daß es mir keine Ruhe läßt es doch zumelden, daß die Familie . . . und sämtliche Söhne u. Angehörigen starke K.P. angehören und dort verschiedenes im Versteck ruht u. vorgeht, möchte Sie bitten das auch dort eine gründliche Haussuchung vorgenommen wird. Bin selbst ein K. gewesen möchte es jetzt nicht mehr alles im dunkeln lassen.

Achtungsvoll
gew. Kommunist«

Der SA-Führer bat »die Polizeibehörde, die Angelegenheit zu prüfen und gegebenenfalls das Erforderliche zu veranlassen«.

Die Polizei ging diesem Hinweis nach, mußte aber feststellen, »daß der Ehemann . . . wohl der SPD anscheinend angehört, daß er sich aber sonst nie politisch bemerkbar gemacht habe, insbesondere sei er nie in politischen Versammlungen zu sehen gewesen, vor allem nicht in kommunistischen Versammlungen . . . Es sei deshalb auch keinesfalls anzunehmen, daß . . . irgendwelche verbotenen Sachen versteckt habe, so daß sich eine Haussuchung nicht rechtfertigen lasse.«

Nicht immer jedoch nahm die Behörde sich die Mühe, durch interne Nachforschungen die Haltlosigkeit derartiger Anzeigen zu beweisen. So meldete ein Westerländer SA-Mann der Polizei, im Februar 1933, daß ein Einwohner, »welcher eifriger Kommunist ist, in seiner Wohnung auf einer Schreibmaschine große Mengen Schriften angefertigt habe. Vermutlich handelt es sich um staatsfeindliche Schriften, welche später verbreitet werden sollen«. Die daraufhin von mehreren Polizisten durchgeführte Haussuchung brachte zutage, daß es sich bei den »staatsfeindlichen Schriften« um Vervielfältigungsschreiben für die Mitglieder des Kleingartenvereins handelte.

Eine beliebte Methode der Nationalsozialisten war es, »vertrauenswürdige Personen« – so bezeichneten sie ihre Spitzel – in Gastwirtschaften zu schicken, um die dort in feucht-fröhlichem Zustand gemachten »staatsfeindlichen Äußerungen« der Polizei mitzuteilen. Unter einigen auf diese Weise ins Netz gegangenen Opfern war auch ein Westerländer Gemüsehändler, der sich nicht mehr daran erinnern konnte, die SA als

»Handwerksburschen« bezeichnet zu haben. Auch war die Bemerkung »Hindenburg und Hitler machen nur Quatsch und Blödsinn, und Adolf Hitler wird nie Arbeit schaffen« völlig aus seinem Gedächtnis verschwunden. In einem beigefügten Gutachten wurde folgendes Persönlichkeitsbild gezeichnet: »Wenn er Geld hat, dann trinkt er, und er ist recht häufig sinnlos betrunken. In diesem Zustande ist er krakeelerisch und schimpft auf alles. Ernst zu nehmen sind seine Schimpfereien aber nicht, und er wird von niemand ernst genommen, er weiß dann nie, was er gesagt hat . . . Politisch hat er sich nie betätigt, es ist auch nicht anzunehmen, daß er marxistisch gesinnt ist, es ist vielmehr bekannt, daß er gern von seiner Soldatenzeit erzählt, patriotische und sonstige Soldatenlieder singt . . .«

Trotz dieses Entlastungsschreibens wurde der trinkfreudige Gemüsehändler erst nach drei Wochen »Schutzhaft« entlassen. Und vorher mußte er noch die folgende Erklärung unterschreiben: »Ich verspreche hierdurch, daß ich mich künftig ordnungsmäßig betragen und in keiner Weise gegen die Reichsregierung auflehnen will, ich verspreche, alle Anordnungen der Reichsregierung zu befolgen und deren Maßnahmen dadurch zu unterstützen.«[2]

Wenn auch dieser Fall für den heutigen Betrachter gewisse Züge von Komik enthält, so darf dies doch nicht über die Härte und Brutalität des NS-Regimes hinwegtäuschen. Wenn es um Regimekritiker ging, war von den Nationalsozialisten zumeist kein Verständnis für menschliche Schwächen zu erwarten. So wurde sogar bei diesem Vorgang die Konzentrationslagerhaft in den Bereich des Möglichen gezogen. Der an sich harmlose Händler hatte nun gerade noch das Glück, von dem Polizeibeamten ein zwischen den Zeilen durchaus wohlwollendes Gutachten zu bekommen.

Ihr wahres Gesicht zeigten die Nationalsozialisten bei der *Verfolgung der Kommunisten*. Der ersten schon erwähnten Verhaftungswelle von Sylter KPD-Funktionären folgte Ende Juli 1933 eine zweite, bei der zwei Ehepaare und die Ehefrau eines schon inhaftierten KPD-Funktionärs in »Schutzhaft« genommen wurden. In dem Brief, den der schon auf dem Festland inhaftierte Ehemann an den Westerländer Bürgermeister schrieb, spiegelt sich die menschliche Tragik der Verfolgten wider. Da er zugleich die Willkür und Inhumanität des Regimes offenbart, soll er hier in vollem Wortlaut wiedergegeben werden:

»Rendsburg, 8. Aug. 33
Königstr. 17/Schutzhaft

Herrn Bürgermeister . . ., Westerland.

Wie mir mitgeteilt wurde, hat man meine Frau in der Nacht vom 28. zum 29. Juli verhaftet und im Amtsgerichtsgefängnis Westerland eingeliefert.

Die beiden Kinder sollen in fremdem Hause untergebracht, von der Stadt unterhalten werden.

Da meine Frau mir mitteilt, sich keiner strafbaren Tat bewußt zu sein und ihr die Gründe der Verhaftung nicht bekannt sind, habe ich den Herrn Landrat des Kreises Südtondern um Aufklärung gebeten, bis heute aber keine Antwort erhalten.

Das Ausbleiben der Nachricht zwingt mich, mich an Sie als Chef der Polizei in Westerland zu wenden, da ich nicht annehmen kann, daß die Verfügung der Schutzhaft von höheren Orts angeordnet ist.

Ich hoffe soweit Verständnis bei Ihnen zu finden, daß mir das Schicksal meiner Familie am Herzen liegt, vor allem, wo man dazu überging, den Kindern auch die Mutter zu nehmen, so daß ich wohl auf Antwort von Ihrer Seiten rechnen darf.

Ich bitte sie deshalb mir Antwort auf folgende Fragen zu gewähren:
Was legt man meiner Frau zur Last? Sind die Kinder in guten Händen? Wie gedenkt die Stadt mich betr. der Gartenfrüchte vor Schaden zu bewahren? ($1800 m^2$) Wer pflegt das von meinen Kindern in den Ferien verdiente Schwein, welches sich in Aufzucht befindet?

Gleichzeitig ersuchte ich den Herrn Landrat um Haftentlassung für meine Person bzw. 14tägigen Urlaub für Regelung der schwebenden Fragen. Es ist darüber scheinbar noch keine Entscheidung getroffen.

Die Entlassung aller bisherigen kommunistischen Funktionäre einschließlich Stadt- und Kreisvertreter hier in Rendsburg unter gleichzeitiger Beibehaltung der Schutzhaft gegen mich, läßt mich vermuten, daß man mir in Westerland Handlungen unterschiebt, die nicht zutreffen und für die ich nicht verantwortlich gemacht werden kann, mir aber auch unmöglich gemacht wird, mich zu verteidigen.

Sollte dieses zutreffen, bitte ich auch in diesem Falle um Bescheid.

In der Erwartung umgehender Antwort:

Hochachtungsvoll
(Unterschrift)«

Am 12. August 1933 erhielt er vom Westerländer Bürgermeister folgenden Bescheid:

»Die Inschutzhaftnahme Ihrer Ehefrau ist von dem Herrn Landrat in Niebüll angeordnet worden. Die Gründe sind mir nicht bekannt.

Ihre Kinder sind ordnungsgemäß untergebracht.

Das Schwein wird von Ihren Kindern versorgt.

Die Einerntung der Kartoffeln ist noch verfrüht, soweit das wenige Gemüse einzuernten ist, stelle ich Ihnen anheim, sich um Hilfe an Ihre Bekannten zu wenden.

Was Ihre Entlassung oder Beurlaubung anlangt, so entzieht sich das meinen Befugnissen.«

Eine Wertung dieser Dokumente erübrigt sich.

Über den Umfang der Verhaftungswelle gibt uns ein Schreiben des Westerländer Bürgermeisters an den Landrat in Niebüll Auskunft: ».... bitte ich, Anordung zu treffen, daß die Häftlinge umgehend abtransportiert werden, da hier nicht genügend Platz vorhanden ist. Die Häftlinge sind zum Teil im Polizeigefängnis und zum Teil im Amtsgericht untergebracht, und es ist kein Platz mehr vorhanden, wenn plötzlich weitere Gefangene eingeliefert werden.«[3]

Die drei Ehefrauen der Kommunisten wurden nach vierwöchiger Schutzhaft wieder entlassen, mußten aber die folgende Erklärung unterschreiben: »Wir versprechen, uns künftig in keiner Weise politisch zu betätigen und jede Schimpferei und dergleichen auf die Reichsregierung und alle Behörden und deren Organe zu unterlassen und uns mit anderen zu vertragen.«

Während die übrigen Sylter Kommunisten nach und nach entlassen wurden, »da es sich« – nach Auskunft des Westerländer Bürgermeisters – »nur um Mitläufer handelt, die sich voraussichtlich jeder politischen Betätigung fernhalten werden, wenn sie entsprechend verwarnt worden sind«, blieb der Führer der Sylter KPD weiterhin in »Schutzhaft«. Und als er im Mai 1934 einen Tag auf der Insel weilte, wurde er von seiner Ankunft bis zu seiner Abreise von der Polizei beschattet[4]. Über sein weiteres Schicksal geben die vorhandenen Akten keine Auskunft.

Wenn auch aus den vorhandenen Unterlagen eindeutig hervorgeht, daß zwei Westerländer SA-Führer bei diesen Vorgängen eine führenden Rolle gespielt haben, so darf man nicht übersehen, daß allgemein der Terror zum politischen Prinzip erhoben wurde. Dabei wurden die schweren Verbrechen der Nationalsozialisten weitgehend verschwiegen, aber durch die Veröffentlichungen von Verhaftungen in der Sylter Zeitung – jeder wußte Bescheid, um wen es sich handelte – sollte die Bevölkerung wissen, daß sie überwacht wurde.

Dieses Prinzip wandten die Nationalsozialisten auch auf die verbotenen Organisationen an. Nachdem am 2. Mai 1933 die Gewerkschaften zerschlagen worden waren, überwachten sie das weitere Verhalten der Mitglieder. So wurde im September 1933 eine illegale Zusammenkunft des Westerländer Gewerkschaftschores durch die SA ausgehoben. Ähnlich erging es auch den ehemaligen Angehörigen des Jungdeutschen Ordens[5].

Die totale Gleichschaltung
NS-Vorstände für alle Sylter Vereine

Ein weiteres Mittel, die Macht zu festigen, war die »Gleichschaltung«. Sämtliche *Vereine und Verbindungen*, die nicht von ihrer inhaltlichen Zielsetzung der nationalsozialistischen Macht entgegenstanden, wurden durch Umbesetzungen des Vorstandes zumindest personell dem neuen Regime unterstellt.

Der erste Sylter Verein, der diesen Prozeß durchmachte, war der Gastwirteverein. Dieser Berufszweig muß besonders anfällig für das neue Herrschaftssystem gewesen sein, denn auf der zwecks »Gleichschaltung« Ende April 1933 einberufenen Sitzung erklärten sämtliche anwesenden Mitglieder – soweit sie es nicht schon vorher getan hatten – ihren Beitritt zur NSDAP.

Den Vertretern der Gastronomie folgten in den kommenden Wochen und Monaten alle anderen Vereine, und es ist erstaunlich, wieviele es auf der Insel gab. Keiner wurde ausgelassen, und selbst die Geflügelzüchter blieben von diesem Vorgang nicht verschont[1].

Auch die »Söl'ring Foriining«, die einst im Sommer 1900 zum Zweck gegründet worden war, »Heimatkunde und Heimatliebe auf der Insel Sylt zu wecken und zu fördern, insbesondere Sprachpflege zu betreiben«, konnte sich dieser Entwicklung nicht entziehen. Der Verein bereitete von sich aus am 20. Juli 1933 die »Gleichschaltung« vor, indem man dem Keitumer Ortsgruppenleiter einen neuen siebenköpfigen Vorstand präsentierte, der die Namen von vier Nationalsozialisten enthielt. Der Vorschlag fand aber nicht die Zustimmung der Partei, zumal der Vorsitzende kein NS-Mitglied war. Erst am 16. Oktober 1933 kam es zu einer endgültigen Regelung. In Anwesenheit des Keitumer Ortsgruppenführers und eines Vertreters des »Kampfbundes für Deutsche Kultur« einigte man sich auf einen neuen Vorstand. Er bestand aus sechs Nationalsozialisten, die jetzt auch den ersten Vorsitzenden stellten, und zwei unpolitischen Mitgliedern.

Eine besondere Methode versuchte in diesem Zusammenhang der »Nordfriesische Verein für Heimatkunde und Heimatliebe«, der 1902 in Rödemis bei Husum gegründet worden war, und speziell unter dem Einfluß der deutsch-dänischen Auseinandersetzung nach 1918 seine Volkstumspflege im Rahmen des deutschen Staates und der deutschen Kultur betrieb. In einer Art Ergebenheitsadresse an den Oberpräsidenten Lohse brachte er seine Freude über den Machtantritt der neuen Herrscher zum Ausdruck und sicherte ihnen volle Unterstützung zu. Doch selbst diese Devotheit ersparte dem Verein nicht die »Gleichschaltung«.

Ohne Komplikationen verlief die Eingliederung der evangelischen

Jugendverbände in die Hitler-Jugend. Wie die Sylter Zeitung berichtete, »fand die Gefolgschaftsfahne neben dem Altar Aufstellung, . . . und in schlichter, herzlicher Weise legte Pastor . . . dann die Bedeutung dieser Stunde für die Jugendarbeit im neuen Reiche dar«.

Nicht ganz so reibungslos verlief die Gründung der NS-Frauenschaft in Morsum, die die Nationalsozialisten mit dem dortigen Frauenverein durchführen wollten. Der Verein selber wollte sich der evangelischen Frauenhilfe anschließen, so daß es zu Differenzen zwischen dem dortigen Pastor und den Nationalsozialisten kam. Auf der Gründungsversammlung wurde eine von ihm beantragte Gegenrede »als nicht in den Rahmen passend« abgelehnt, und die NSDAP setzte ihr Vorhaben durch. In den anderen Sylter Gemeinden ging der weitere Ausbau der NS-Frauenschaft ohne Schwierigkeiten vonstatten[2].

Die schon bei der Zerschlagung der Parteien und Gewerkschaften gebrauchte Parole von der Einheit diente auch dazu, den Reichsverband des deutschen Gaststätten- und Fremdenverkehrsgewerbes ins Leben zu rufen. Die Ortsgruppe für das Sylter Verkehrsgewerbe, der alle Verkehrs-, Gastwirts- und Hausbesitzervereine beitreten mußten, bestimmte von nun an die Richtlinien für den Fremdenverkehr, vor allem Preise und Löhne. Auf allen Gebieten schritt der Ausbau der NS-Organisationen zügig voran. So wurde am 5. September 1933 auf Sylt eine Ortsgruppe der Deutschen Arbeitsfront gegründet, der bis Ende des Jahres schon 197 Mitglieder angehörten. Ihr folgten Ortsgruppen des Reichsluftschutzbundes, der Kriegsopferversorgung, des NS-Kraftfahrerkorps, des Luftsportverbandes und berufsständischer Organisationen. Sogar für Radfahrer wurde in Westerland eine entsprechende Ortsgruppe gebildet[3].

Selbst wenn in Einzelfällen noch gesellschaftliche Zusammenschlüsse existierten, die nicht in das ideologische Konzept der Nationalsozialisten paßten, war es nur eine Frage der Zeit, bis auch sie verboten wurden. Ein Beispiel hierfür bietet die in Westerland bestehende Freimaurerloge »Frisia zur Nordwacht«. Sie versuchte ein Verbot dadurch zu umgehen, indem sie sich inhaltlich auf eine »deutsch-völkische Lebensanschauung« festlegte. Dieses Einschwenken auf bestimmte ideologische Prinzipien der Nationalsozialisten und die Umbenennung in »Deutsch-Christlicher-Orden« bewahrte die Loge noch einige Zeit vor der Auflösung, aber ihre Mitglieder wurden streng überwacht. Erst im Juni 1935 lösten die Nationalsozialisten sie auf und beschlagnahmten das Vermögen[4].

Sogar die Sylter Strandvögte wurden von den neuen Machthabern nicht vergessen. Nur die dem neuen Regime zumindest loyal ergebenen Strandbeamten blieben im Dienst. Diese Erfahrung mußte der Westerländer Strandvogt machen, der zu Beginn des Jahres 1935 »aus dienstlichen Gründen«, wie es in dem Entlassungsschreiben des Landrats heißt, aus seinem Amt entfernt wurde. Was sich hinter dieser Floskel verbarg, wurde in einem entsprechenden Schreiben des Landrats an den Strandhauptmann deutlich: »Die Entlassung des Strandvogtes ... war notwendig, weil ... nach seiner ganzen Haltung, insbesondere durch seine ostentative Weigerung, zum Winterhilfswerk zu spenden, bewiesen hat, daß er unwürdig ist, im heutigen Staat ein öffentliches Amt zu bekleiden.«[5]

Im »Sinne des neuen Gemeinschaftsgeists«
NS-Herrschaft und Sylter Brauchtum

Interessant für den Zusammenhang dieser Arbeit ist es nun, zu untersuchen, welche Maßnahmen die Nationalsozialisten ergriffen, um speziell in die Bezirke des Sylter Eigenlebens einzudringen. Die »Gleichschaltung« der »Söl'ring Foriining« ist schon erwähnt worden. Sie hatte sich bereit erklärt, künftig in Zusammenarbeit mit der NSDAP die traditionellen Sylter Brauchtümer, das *Biiken* und den *Petritag*, durchzuführen.

Während die meisten Sylter Gemeinden das Biiken bisher in ihren Orten veranstaltet hatten, sollte 1934 nach dem Willen der NSDAP der »neue Gemeinschaftsgeist« durch ein gemeinsames Feuer für Westerland, Wenningstedt, Braderup, Tinnum und Keitum demonstriert werden. Doch mit dieser organisatorischen Neuordnung hatten die Nationalsozialisten wenig Erfolg. Die Beteiligung war derart gering, daß bereits im nächsten Jahr die alte Form wieder eingeführt wurde. Daß die Nationalsozialisten dies nicht weiter kommentierten, versteht sich von selbst, denn die Schwierigkeiten des Anmarschweges – zumal im Februar – hatten sich stärker erwiesen als die NS-Motivation.

Ein besseres Ergebnis konnten die Nationalsozialisten auf dem rhetorischen Sektor dieses Brauchtums für sich verbuchen. Die Vorarbeiten waren schon geleistet worden; schon in der Wilhelminischen Ära diente die Biike dazu, der Obrigkeit zu huldigen, indem der Redner »das Kaiserhoch« ausbrachte, »in welches die Menge begeistert einstimmte«. Weitere Grundlagen waren dann in den Jahren der Weimarer Republik gelegt worden, als diese alte Sylter Tradition zum nationalen Bekenntnis umfunktioniert wurde. So bestanden keine Schwierigkeiten für die neuen Machthaber, Teile ihrer Ideologie mit dem Sylter Volksfest zu verschmelzen. Die Führungsrolle der Partei wurde damit begründet, daß sowohl das Brauchtum als auch der Nationalsozialismus »im Volke wurzeln und aus ihm schöpfen«. Die gleiche Tonart schlugen die neuen Machthaber 1934 in einem Aufruf zur Biikefeier an: »Das neue Deutschland will Volkstum und bodenständigen Volksbrauch bewußt und betont stärken und pflegen, heraus aus der Erkenntnis, daß alle Kräfte eines Volkes nur erwachsen können aus der blutsmäßigen Verbindung mit dem Boden.«

Damit war das Schema gegeben: Die Redner nahmen von nun an bei fast allen folgenden Biikereden irrationale Begriffe aus dem NS-Vokabular – vor allem »Blut und Boden« –, kombinierten sie mit »Volkstum und Heimat« und gelangten am Schluß zu »Vaterland und Adolf Hitler«. Dabei beschränkte sich die sprachliche Form nicht nur auf das Hochdeutsche, auch das Söl'ring, das Sylter Friesisch, erwies sich als geeignet, die neuen politischen Inhalte sprachlich zu bewältigen. So wurde zum Beispiel bei der Biike von 1936 die verhängnisvolle NS-Parole »Du bist nichts, dein Volk ist alles!« in das Sylter Friesisch mit »Dü enkelt Mensk best nönt, din Fulk es ales!« übertragen und inhaltlich gerechtfertigt.

Fragt man nach den Gründen für die Synthese der doch sehr unterschiedlichen Bereiche von Brauchtum und Politik, so muß man zu dem Schluß kommen, daß sie nur möglich war auf der Basis des Irrationalen. Für Volksbräuche lassen sich letzten Endes nur emotionale Argumente anführen, da sie sachlich nicht mehr zu begründen sind. Unter diesem Aspekt ist es auch erklärbar, daß sowohl der an das Gefühl appellierende – durch die Abstimmung von 1920 stark entfachte – Nationalismus als auch die irrationalen Bestandteile der NS-Ideologie sich nahtlos in das Brauchtum – und zwar nicht nur auf Sylt – einfügen konnten[1].

Da das Ringreiten ebenfalls zum Brauchtum der Insel gehört, bemühten sich die Nationalsozialisten, auch diesen Bereich in ihrem Sinne umzugestalten. Als einige Sylter Parteigänger im Juli 1933 ein SA-Ringreiterkorps aufstellten, das »den echten und wahren Reitergeist in die Reihen der SA tragen« sollte, verfolgten sie zweifellos den Plan, alle auf der Insel bestehenden Ringreiterkorps im »Sinne des neuen Gemeinschaftsgeistes« hierin zu integrieren. Doch der Plan mißlang. Zwar wurden die bestehenden Reitervereine »gleichgeschaltet«, aber sie existierten unter den alten Bezeichnungen weiter und übten ihr Brauchtum aus. Da dadurch dem NS-Verein weitgehend die Grundlage entzogen wurde, versuchte er durch eine intensive Werbung für den SA-Reitersturm eine personelle Verbindung zwischen dem Nationalsozialismus und den Ringreiterverbänden herzustellen[2].

Im Gegensatz zum Sylter Brauchtum existieren aus dieser Zeit keine Unterlagen, die erkennen lassen, welche Haltung die Nationalsozialisten dem Söl'ring, dem Sylter Friesisch, gegenüber einnahmen. Einerseits ließen sie es zu, daß in der Sylter Zeitung in gewissen Abständen eine Beilage in Söl'ring erschien. Sie enthielt natürlich nur unpolitische – zumindest keine regimekritischen – Beiträge, konnte es sich aber zunächst leisten, literarische Themen unpolitischen Inhalts eines Sylter Autors zu veröffentlichen, der auf der Insel als entschiedener Gegner des Regimes bekannt war. Andererseits fehlt aus der Zeit der NS-Herrschaft jeglicher Hinweis, der auf eine Förderung des Söl'ring schließen ließe. Die von seiten der Schulaufsicht aus der Weimarer Republik stammenden Anordnungen, die im Lehrplan dem Friesischunterricht an den Volksschulen einen – wenn auch bescheidenen – Platz einräumten, blieben bestehen[3].

Diese hier geschilderten Fakten lassen den Schluß zu, daß die Nationalsozialisten das sprachliche Eigenleben des friesischen Raumes – sicherlich aus taktischen Gründen – zunächst tolerierten. Die Auffassun-

gen und entsprechenden Anordnungen des NS-Regimes hinsichtlich des muttersprachlichen Unterrichts bieten Anhaltspunkte dafür, daß bei einer Fortdauer der Herrschaft eine staatlich gelenkte Förderung des Friesischen wohl nicht in das spekulative Kalkül einbezogen werden darf. Insgesamt war die Einstellung des Regimes zum Friesentum höchst opportunistisch. Einerseits wurden die Friesen zu »Super-Germanen«, Paradebeispiele »nordischer« Menschen stilisiert, wurden ihr Brauchtum und ihr Sprachschatz an volkstümlichen Slogans entsprechend ausgebeutet; andererseits war ihre Sonder-Existenz, die unter Umständen Sympathien zu Dänemark und Verbindungen zu Amerika in sich schloß, nur gerade geduldet, so lange das taktisch geboten war. Die eigenen Vorstellungen regionaler Funktionäre über Grenz- und Sprachfragen waren bald gestoppt, Politik wurde nur noch in Berlin gemacht – was nicht für Konsequenz bürgte.

»Juden unerwünscht«
Der Antisemitismus auf Sylt

In der Zeit vor dem Ersten Weltkrieg und in den Jahren der Weimarer Republik waren nach Aussage der Kurgastlisten viele Juden unter den Erholungssuchenden. Schon die wirtschaftliche Vernunft gebot es daher den meisten Syltern, diesem Personenkreis ohne Vorurteile zu begegnen. Als die Nationalsozialisten ihre Politik des Hasses in die Bevölkerung hineintragen wollten, mußten sie auf Sylt – zumindest in den vom Fremdenverkehr lebenden Kreisen – Widerstände überwinden. Denn in Anbetracht der schwierigen Lage des Vermietungsgewerbes wollte man keine Gäste verlieren.

Schon in der Saison 1933 hatte man feststellen müssen, daß viele jüdische Gäste wegen der politischen Lage nicht mehr nach Sylt kamen, sondern die benachbarte dänische Insel Röm als Erholungsort gewählt hatten. Es ist daher nicht verwunderlich, wenn die Nationalsozialisten bei ihren Maßnahmen gegen die Juden diese sehr konkrete Angst vor wirtschaftlichen Einbußen zu zerstreuen versuchten. Als im Frühjahr 1936 die Vermieter und Geschäftsinhaber aufgefordert wurden, Schilder mit der Inschrift »Juden unerwünscht« und »Deutsches Geschäft« in »sichtbarer Form« anzubringen, wurden sie durch den Hinweis beruhigt, daß »bei den günstigen Aussichten für die kommende Saison ... keiner zu befürchten« brauchte, »irgendwie wirtschaftlich dadurch geschädigt zu werden«.

Parallel zu dieser Beruhigung durch ökonomische Argumente liefen die Versuche der Nationalsozialisten, durch gezielte Hetzkampagnen die friesische Mentalität gegen die Juden in Wallung zu bringen. So wurden neben den allgemein bekannten Verleumdungen von seiten der Regierung auch auf der lokalen Ebene die Juden diskriminiert. Es begann damit, daß im August 1933 ein Jude die Insel verlassen mußte, weil ihm vorgeworfen wurde, mit einem »deutschen christlichen Mädchen« Kontakt gehabt zu haben[1]. Als Rassenfanatiker erwies sich der damalige Bürgermeister von Westerland, denn auf seine Anweisung durften ab Anfang März 1934 keine Juden mehr das Bad besuchen. Daß er mit seiner Maßnahme wenig Erfolg hatte, zeigt die Rede des Westerländer Ortsgruppenleiters vom August 1935, der unter anderem erklärt, »das den Juden in Zukunft der Aufenthalt in Westerland verleidet« werden solle. Die anderen Sylter Kurorte erließen erst im August 1938 ein Aufenthaltsverbot für jüdische Gäste.

Als im Juli 1935 bei einem Zeitungsaushängekasten des »Stürmers« in Braderup die Scheibe eingeworfen wurde, nutzte man den Anlaß – ohne die Täter zu haben – eine Hetzkampagne gegen »Juden und Judenknechte« zu organisieren, die sich wiederum gegen die jüdischen Kurgäste richtete, wie aus den zu dieser Zeit benutzten Parolen »Deutschen Volksgenossen gehört der Strand« und »Juda soll in Palästina baden« ersichtlich ist. Über Ausschreitungen gegen auf Sylt ansässige Juden liegen für diesen Zeitraum keine Meldungen vor. Das mag seinen Grund in der Tatsache haben, daß der Anteil der Juden unter den Einheimischen äußerst gering war. So wies die Volkszählung vom Juni 1933 nur drei jüdische Mitbürger in Westerland auf.

Nachdem man die jüdischen Kurgäste von der Insel vertrieben hatte, richteten die Nationalsozialisten ihre Angriffe gegen den in jüdischen Händen befindlichen Besitz. So sollten im Juli 1938 drei in Westerland gelegene Saisongeschäfte dadurch boykottiert werden, daß man auf die davorliegende Straßenparzelle im Schutze der Dunkelheit das Wort »Jude« schrieb [2].

Den Höhepunkt erreichten die »spontanen Aktionen« in der »Reichskristallnacht«, als nationalsozialistische Fanatiker die in jüdischen Händen befindlichen Geschäfte und Pensionhäuser in Westerland und Kampen demolierten und damit unter Verwendung Goebbelsscher Vokabeln die Hoffnung verbanden, »von den Parasiten auf der Nordseeinsel künftig verschont zu bleiben«. Durch Verkauf des Eigentums an »Arier«, durch Zwangsversteigerungen und gerichtliche Zwangslöschung der Firmen wurde dieses beschämende Kapitel bald abgeschlossen, das in seinen Einzelheiten die nationalsozialistische Politik des Hasses und der Verfolgung gegenüber Minderheiten widerspiegelt [3].

Einen guten Einblick in den »neuen Geist« der Insel vermittelt die Rede des Westerländer Ortsgruppenleiters, die er im August 1935 vor Kurgästen hielt: »Es hat auch bei vielen Gästen Verwunderung erregt, daß unsere Hakenkreuzfahne täglich am Strand und auf der Plattform und an vielen Privathäusern zu sehen ist. Wir haben in den Jahren vor der Machtübernahme und auch noch nachher darum kämpfen müssen, unserer Hakenkreuzfahne diesen Platz am Strande und in den Straßen zuzuweisen, und was durch harten Kampf errungen ist, soll noch heute durch das Flaggen unterstrichen werden. Es gibt bedauerlicherweise hier in Westerland Häuser, die im Winter die Hakenkreuzfahne zeigen, im Sommer aber die altehrwürdige schwarz-weiß-rote Fahne hissen und das Hakenkreuz verschwinden lassen. Für uns heißt dieser Wechsel aber nur: ›Hier sind Juden willkommen!‹ Wir aber wollen dafür sorgen, daß die Juden bei uns nicht mehr einziehen.«

Auch dieses Beispiel zeigt, daß Sylt als Teil Nordfrieslands schon eine weite Strecke zu dem Ziel zurückgelegt hatte, das die Nationalsozialisten dieser Landschaft gesetzt hatten: »Es soll sich seiner Aufgabe vor der Geschichte bewußt sein: Den Bruderstämmen im Reich ihr Idealbild vom Nordland mit Blut und Leben zu füllen.« [4]

Ehren-Sylter Göring
Die wirtschaftliche Lage in den Anfängen der NS-Herrschaft

Wie wir bereits im Verlauf dieser Untersuchung festgestellt haben, war die wirtschaftliche Lage der Inseln in der Endphase der Weimarer Republik in allen Bereichen katastrophal. Das rapide Sinken des Lebenshaltungsniveau und die wachsende Zahl der Arbeitslosen, der Pfändungen, Konkurse und Zwangsversteigerungen waren die bestimmenden Kennzeichen dieser Krisensituation, die mit zum Erfolg der Nationalsozialisten beigetragen hatte. Welche Maßnahmen sie getroffen haben, die von vielen erhoffte Wirtschaftslage der Insel zu verbessern, soll Gegenstand dieses Kapitels sein.

Ein objektives Bild hierüber zu erhalten, ist wegen der von nun an einseitigen Berichterstattung mit Schwierigkeiten verbunden. Auch den auf der Insel erscheinenden Zeitungen wurde der Stempel der NS-Propaganda deutlich aufgedrückt; nur die für das Regime günstigen Berichte und statistischen Angaben durften veröffentlicht werden. So ist es manchmal nur möglich, mit Hilfe indirekter Quellen sich ein einigermaßen sicheres Bild der Lage zu verschaffen.

Zu den ersten Maßnahmen der Sylter NSDAP auf diesem Gebiet gehörte es, den früheren Beschluß der Westerländer Stadtvertretung aufzuheben, die sich gegen eine Übernahme kommunaler Aufträge durch den Freiwilligen Arbeitsdienst ausgesprochen hatte. Damit hatten zwar die Nationalsozialisten ihren ideologisch motivierten Willen in die Tat umgesetzt, aber eine konkrete Auswirkung auf die Wirtschaftslage der Insel hatte das nicht. Dagegen brachten die städtischerseits vergebenen Aufträge für den Ausbau und die Reparatur zahlreicher Straßen eine geringfügige Belebung der Wirtschaft mit sich, und die Nationalsozialisten konnten einen Erfolg für sich verbuchen, obwohl die dafür bereitgestellten Mittel noch aus der Ära der Weimarer Republik stammten.

Doch wer von den neuen Machthabern eine grundlegende Verbesserung erwartet hatte, wurde enttäuscht. Auch das Sylter Fremdenverkehrsgewerbe mußte diese Erfahrung machen, denn die Gästezahlen der Saison 1933 waren weiter rückläufig, zumal sich auch der Anteil der ausländischen Gäste und der Juden wegen der politischen Veränderungen wesentlich verringert hatte. So mußte der Wirtschaftsbericht der Industrie- und Handelskammer für das Hotel- und Gastwirtsgewerbe die Krisensituation des Jahres 1933 mit der knappen Feststellung umschreiben, »daß insbesondere auf Sylt Umsatzrückgänge« zu verzeichnen seien. In den nächsten Jahren steigerten sich zwar die Gästezahlen, aber der Zuwachs – auch durch die staatliche Preiskontrolle bedingt – hielt sich in ganz bescheidenen Grenzen. Selbst die die Freizeit verwaltende

NS-Organisation »Kraft durch Freude« berücksichtigte den Sylter Fremdenverkehr erst in späteren Jahren[1].

Abgesehen von der Landwirtschaft, die aus ideologischen und wirtschaftsstrategischen Gründen durch staatliche Maßnahmen gezielt unterstützt wurde, blieb der wirtschaftliche Erfolg in den herkömmlichen Bereichen der Sylter Wirtschaft weitgehend aus. Wenn sich die Lage ab 1935 dennoch etwas besserte, so kamen die Impulse hierfür aus anderen Bereichen und wirkten sich indirekt auf die Wirtschaft der Insel aus.

Da Sylt in der militärischen Konzeption der Nationalsozialisten eine bedeutende Rolle spielte, wurden hier in sehr großem Umfang militärische Einrichtungen geschaffen. Auf den freien, bisher landwirtschaftlich genutzten Flächen im Zentrum der Insel entstand der Militärflugplatz Tinnum/Westerland mit zahlreichen Start- und Landebahnen, umfangreichen Kasernenbauten und Flugzeughallen. In List wurde die schon bestehende kleine Anlage für Seeflugzeuge (für Maschinen, die auf dem Wasser starten und landen können) bedeutend erweitert. In Hörnum und Rantum entstanden ebenfalls derartige Militärflugplätze, wobei für die Rantumer Anlage eigens das heutige »Becken« als Start- und Landeplatz durch Eindeichung geschaffen wurde. List und Hörnum – vorher nur von wenigen Menschen bewohnt – wuchsen gleichsam über Nacht zu Dörfern, deren Einwohner sich aus Militärangehörigen und Zivilbediensteten rekrutierten. In allen drei genannten Orten bestimmten von nun an Kasernen, Flugzeughallen und mehr oder minder im Einheitsstil gebaute Wohnunterkünfte das Bild der Landschaft. Das Lazarett für die Luftwaffe im Norden Westerlands, Bunker, Geschützstellungen und andere Befestigungsanlagen im Küstenbereich waren weitere militärische Bauprojekte.

Dieser aus der Aufrüstungspolitik der Nationalsozialisten resultierende militärische Bauboom hat die wirtschaftliche Situation der Insel verbessert, indem er den einheimischen Betrieben und ihren Arbeitskräften in großem Umfang Beschäftigung bot. Diese »Scheinblüte« zerstörte indessen in weiten Bereichen das Landschaftsbild der Insel und wirkte sich negativ auf den Fremdenverkehr aus, auch wenn örtliche Parteifunktionäre derartige Befürchtungen der Bevölkerung zu zerstreuen versuchten. Eine weitere Folge dieser Pseudoprosperität war eine Einwanderungswelle festländischer Bevölkerungsteile, und zwar in einem Umfang, wie sie die Insel bisher noch nicht erlebt hatte, deren Problematik – nun noch verstärkt durch den Zustrom von Flüchtlingen – aber erst nach dem Zweiten Weltkrieg voll sichtbar wurde, als die Insel eine wirtschaftliche Neuorientierung suchte.

Damit hat der Nationalsozialismus über seine zeitliche Herrschaft hinaus hinsichtlich der Bevölkerung und des Landschaftsbildes der Insel eine Prägung gegeben, die bis in unsere Gegenwart hinein erkennbar ist[2].

Während die Nationalsozialisten über die militärische Bautätigkeit aus Gründen der Geheimhaltung keine Einzelheiten veröffentlichten, waren sie auf dem Gebiet des Deichbaus geradezu informationsfreudig. Hier griffen sie zunächst auf die alten Pläne des Nössedeichs zurück, der jetzt mit Hilfe des Arbeitsdienstes gebaut werden sollte. Im September 1933 stimmten die von diesem Projekt betroffenen Anlieger dem Vorhaben mit großer Mehrheit zu, da inzwischen ein neuer Finanzierungsplan ausgearbeitet worden war, der eine Hektarbelastung von 15 Reichsmark jährlich vorsah, was angesichts der im landwirtschaftlichen Bereich sich abzeichnenden Besserung als tragbar angesehen wurde. Ursprünglich war der Bau des Deiches im Frühjahr 1934 vorgesehen, der nach den Plänen und Berechnungen des Reichsarbeitsdienstes in 230 000 Tagewerken ausgeführt werden sollte. Es ergaben sich jedoch Schwierigkeiten, die Bausumme von 2,05 Millionen Reichsmark durch Kredite zu finanzieren. So konnte der Bau erst am 1. Juli 1936 begonnen werden.

Neben dem Nössedeich geisterten noch zahlreiche andere Damm- und Deichprojekte in den NS-Köpfen herum, die in diesem Bereich – allerdings noch mit friedlichen Mitteln und nicht auf Kosten anderer Völker – ihren Komplex der »Erweiterung des deutschen Lebensraumes« abreagieren wollten. So sollte ein neuer Sommerdeich durch Verstärkung des alten in der Gemarkung Norder-Inge für die Ländereien nördlich des Bahndammes zwischen Keitum und Archsum errichtet werden. Ferner wollten die Nationalsozialisten einen Damm zwischen Föhr und dem Festland mit einem Kostenaufwand von ca. 15 Millionen Reichsmark bauen lassen[3].

Eine besondere Rolle bei diesen Plänen spielte Hermann Göring. Bevor er sich in späteren Jahren in Wenningstedt ein eigenes Sommerhaus bauen ließ, war er häufig als Kurgast in Kampen. Weil er sich für die

Erhaltung der Kampener Hochheide eingesetzt und sie einer Bebauung entzogen hatte, verlieh ihm die Kampener Gemeindevertretung im August 1933 das Ehrenbürgerrecht, und der damalige Kampener Gemeindevorsteher fuhr im Januar 1934 nach Berlin, um Göring persönlich das Dokument zu überreichen.

Auf Sylt lieferte Hermann Göring – er war zu der Zeit Reichsminister, Reichskommissar für die deutsche Luftfahrt, Preußischer Minister des Innern und Präsident des Deutschen Reichstages – einen frühen Beweis seiner vom Optimismus geprägten Großspurigkeit. Als ihn die zuständigen Stellen über die Sylter Eindeichungspläne informierten, setzte er diesem Projekt aus dem Stegreif noch weitere hinzu, denn nach seiner Ansicht sollte Sylt mit Föhr und dem Festland verbunden werden, »so daß dem Meere das verschlungene Land wieder abgerungen wird und ein weites, fruchtbares Marschgebiet vielen Deutschen Platz, Brot und Arbeit gibt. Das ist geplant, und ich setze mich dafür ein, daß das Projekt zur Ausführung kommt.«

Er hat sich tatsächlich für diese Pläne stark eingesetzt, aber sie scheiterten an der Realität. Mehr Erfolg hatte Göring, als die vom Verfall bedrohte Munkmarscher Legatsbrücke 1932 mit den von ihm beschafften Geldern wieder instandgesetzt werden konnte[4].

Doch nicht nur durch diese großen Projekte, sondern auch durch Kleinigkeiten – deren Breitenwirkung die Nationalsozialisten wohl richtig einzuschätzen wußten – blieben propagandistische Wirkungen zu Gunsten des neuen Regimes nicht aus. So hatten die Strandbehörden in der Weimarer Republik mit unnachgiebiger Strenge darauf geachtet, daß jeder, der beim Holzsammeln am Sylter Strand – auch wenn es sich nur um Brennholz handelte – erwischt wurde, mit einer Anzeige rechnen mußte. Daß diese Anordnung, auch wenn sie den bestehenden Gesetzen entsprach, auf der Insel wenig Verständnis erfuhr, ist selbstverständlich. Das haben auch die Nationalsozialisten erkannt. Denn am 11. November 1935 wies der Niebüller Landrat die ihm unterstellten Strandvögte an, »auf die Anmeldung von Brennholz, das im Einzelfall von weniger als 12,5 kg zum eigenen Gebrauch gestrandet worden ist, zu verzichten«. Seine Entscheidung stützte sich auf die zolltariflichen Bestimmungen. So unterlag das Brennholz einem Zollsatz von 0,40 RM je 100 kg. Da aber Zollbeträge von weniger als 0,05 RM nicht erhoben wurden, konnte der Landrat diese Menge erlauben, ohne in Konflikt mit der Zollbehörde zu kommen[5].

Überblickt man die wirtschaftliche Lage der Insel in der Anfangszeit der nationalsozialistischen Herrschaft, so muß man feststellen, daß erst eine spürbare Besserung durch die Rüstungspolitik erreicht wurde. Der Fremdenverkehr aber konnte in dieser Zeit seine ursprüngliche Position nicht wieder erreichen.

Lewer duar üs Slaav?

NS-Diktatur und friesisches
Freiheitsbewußtsein

Wilhelm Lobsien: Nordmark (1920), Schluß

Und das Feuer, das unter den fremden Fäusten
Lange wie stickende Lohe geschwelt,
Aufjauchzt dann brünstig in flammenden Gluten:
　Up ewig ungedeelt!

Kurt Tucholsky: Das dritte Reich (1930), Schluß

Und das sind wir.
　Ein Blick in die Statistik:
Wir fabrizieren viel. Am meisten nationale Mistik.

Der Blick auf die Entwicklung Sylts in den Jahren 1931 bis 1933 – vor allem der Blick auf die Ereignisse des Jahres 1933 – zeigt, daß das neue Regime in sehr kurzer Zeit in alle gesellschaftlichen Bereiche eingedrungen war und ihre Entwicklung bestimmte. Daß dieser Vorgang sich so schnell und in den meisten Bezirken ohne nennenswerten Widerstand vollzog, läßt sich nicht allein auf das terroristische Prinzip des Systems und auf die wirtschaftliche Notlage zurückführen. Es lag auch im gesellschaftspolitischen Bewußtsein breiter Kreise begründet, das – durch pseudoreligiösen Nationalismus und Obrigkeitskult geprägt – empfänglich für viele Thesen der NS-Ideologie war. Diese Aussagen gelten jedoch nicht nur für den Bereich Nordfrieslands; sie lassen sich mehr oder minder auf alle Gebiete des Reiches übertragen.

Das Problem, das sich hier speziell für Sylt als Teil Nordfrieslands stellt und das nicht zuletzt Anlaß dieser Untersuchung war, liegt in dem Widerspruch zwischen der These vom vielbeschworenen traditionellen Freiheitsbewußtsein der Friesen und der Tatsache, daß sich die Bewohner dieses Distrikts in hohem Maße der totalitären NS-Diktatur fast widerstandslos auslieferten. Hier nun moralische Kategorien anzuwenden und – etwa in Anlehnung an den Satz Propst Grübers, wer das Dritte Reich lebend überstanden habe, habe als Christ versagt – zu behaupten, wer als Friese die NS-Diktatur überlebt hat und nicht die Konsequenzen aus dem Spruch »Lewer duar üs Slaav!« (»Lieber tot als Sklave!«) gezogen habe, der habe als Friese versagt, ist sinnlos und löst das Problem in keiner Weise. Das setzt zudem voraus, daß das Freiheitsbewußtsein, wie es in dem Spruch zum Ausdruck kommt, zu dieser Zeit noch wesentlicher Bestandteil friesischer Mentalität war. Und das war es eben nicht mehr.

Dieses Freiheitsbewußtsein hat sicherlich in der Vergangenheit bestanden; es hatte seinen Ursprung in der Nichtausübung landesherrlicher Rechte und in den vor allem den Seefahrern erteilten Privilegien. Aber schon der Sylter Chronist Christian Peter Hansen mußte feststellen, daß sich zu Beginn des 18. Jahrhunderts auf Sylt »eine unrühmliche Gleichgültigkeit und Nachlässigkeit gegen die alten heimatlichen Rechte und Freiheiten« einschlich. »Das Sylter Volk schlief nach dem Jahre 1713 politisch ein, und die derzeitigen Landvögte sangen das Wiegenlied«.[1]

Weitere Gründe, die wesentlich zum Erlöschen des Freiheitsbewußtseins beigetragen haben, sind bereits am Anfang dieser Untersuchung genannt worden. Die Einverleibung Sylts durch Preußen, die Verwaltung und die Militärdienstpflicht des preußischen Staates und des wilhelminischen Kaiserreichs, die Überfremdung und Hinwendung zum Deutschnationalen haben bewirkt, daß das um 1840 entstandene Schlagwort »Lewer duar üs Slaav!« zur Phrase wurde. Aussage und Wirklichkeit waren nicht mehr identisch. So diente dann, in der Zeit der Abstimmung von 1920 dieses Wort manchem dazu, national deutsches Bewußtsein zu demonstrieren. Die Nationalsozialisten griffen es auf, um die nicht zuletzt an ihrer Liberalität zugrundegegangene Weimarer Republik zu bekämpfen, und während des Zweiten Weltkrieges wurde es zur Durchhalte-Parole umfunktioniert.

So hatte der 1943 von der NSDAP-Ortsgruppe Westerland für die Sylter Soldaten verfaßte »Heimatbrief« folgende Schlagzeile: »Unsere Losung aber bleibt: Lewer duad üs Slaw! Für uns gibt es nur zwei Wege: Sieg oder bolschewistisches Chaos!«[2] Hier diente also der Spruch dazu, den Sieg einer Diktatur über eine andere zu proklamieren. Vermutlich hat auch der assoziative Zusammenhang zwischen »Slaw« und dem Slaven bewirkt, den Spruch in diese Verbindung zu bringen.

Noch im Frühjahr 1945 führten die »Heimatblätter für die Soldaten des Kreises Südtondern« mit dem Titel »Der Grütztopf«, der auf das Nordfriesen-Wappen Bezug hatte, den Friesenspruch (in der Form »Lewer düad üß Slaw!«) als Motto, und in den Texten des Blattes wurde er auf fast jeder Seite beschworen; doch konnte er Tod, Zerstörung, Not, Entbehrung und Erniedrigung, in die der Hitler-Krieg Deutschland und damit auch Nordfriesland und Sylt gerissen hatte, nicht mehr verschleiern; der Zusammenbruch stand vor der Tür.

Diese Beispiele zeigen eindeutig, daß der ursprüngliche Freiheitsspruch der Nordfriesen ins Gegenteil verkehrt wurde. An die Stelle der Freiheit war die totalitäre Diktatur getreten, so daß der Kennspruch jetzt eigentlich hätte lauten müssen: »Lewer Slaav üs duar!« Die Frage, wie viele Sylter denn noch alte Friesen gewesen seien, spielt dabei keine entscheidende Rolle. Es war seit langem ein größerer Personenkreis, der sich immer wieder auf die alte Friesenfreiheit berufen, ja um dieser Freiheitstradition willen Sylt als seine Heimat gefeiert hatte.

Wir müssen also am Ende der Untersuchung feststellen, daß das Freiheitsbewußtsein der Sylter Friesen keine Barriere gegen die totale NS-Diktatur mehr sein konnte, weil es nur noch eine verbale Kostümierung oder ein Mißverständnis war, jedenfalls längst nicht mehr als dominierendes Element das politische Verhalten bestimmte. Dieser Freiheitsanspruch war nur noch ein hohles traditionelles Relikt, angesiedelt im irrationalen Bereich. Der Spruch »Lewer duar üs Slaav!« war zu einer von jedem verwendbaren Formel geworden, die besonders leicht dazu dienen konnte, Ressentiments und Aggressionen schlagwortartig zu artikulieren.

Entsprechendes läßt sich zum zweiten Friesen-Slogan sagen: »Rüm Hart, klaar Kiming!« (»Weites Herz, klare Sicht!«). Das Verhalten der Sylter Bevölkerung in der Zeit vom Ersten Weltkrieg bis in die Anfänge der nationalsozialistischen Diktatur hat weder weite Herzen noch klare Sicht erwiesen. Darüber soll hier nicht gerichtet werden; doch zeigt der

rekonstruierte Zeitabschnitt, daß auch dieser Spruch seines Sinnes längst entleert worden war. »Rüm Haart, klar Kiming!« war ebenfalls zu einer beliebig verwendbaren Formel geworden – von der Diskussion über die Volksbefragung von 1920 bis zu den Durchhalte-Parolen während des

Zweiten Weltkriegs. Und wenn die Insel – nicht zuletzt dank dieser altfriesischen Kennsprüche – ihr Ansehen als Ort der Individualisten, der Künstler, Schriftsteller, Theaterleute und so weiter behielt, sagt das mehr über die Gegenwartsferne dieser Individualisten aus als über die wirklichen politischen Zeiterfahrungen auf Sylt. Es waren nicht die schönen friesischen Slogans, sondern die Stiefel der SA, die seit 1933 die Geschichte der Insel bestimmten.

Wenn die vorliegende Arbeit das im spekulativen Geschichtsbewußtsein noch immer vorhandene Vorurteil von der Existenz einer besonderen friesischen Freiheit – jedenfalls hinsichtlich Sylts – ins Reich der Phantasie und der holden (Selbst-)Täuschung verbannt hat, so hat sie damit vielleicht den Weg freigemacht für die objektive Aufarbeitung eines wichtigen zeitgeschichtlichen Themas.

Anhang

Bibliographie

Quellen

Protokolle der Archsumer Gemeindevertretung
Protokolle der Keitumer Gemeindevertretung
Protokolle der Morsumer Gemeindevertretung
Protokolle der Rantumer/Hörnumer Gemeindevertretung
Protokolle der Tinnumer Gemeindevertretung
Berichte der Landräte über die Tätigkeit links- und rechtsradikaler Organisationen an den Regierungspräsidenten in Schleswig. Landesarchiv (zitiert:LAS), Abteilung 301
Akten der Westerländer Polizei und der politischen Polizei. Sylter Archiv Westerland
Protokolle der *Söl'ring Foriining* Keitum

Zeitungen

Sylter Zeitung 1918 bis 1940 (zitiert: SyZ mit Datum)
Sylter Nachrichten ab 1924 in Einzelexemplaren (zitiert: SyN mit Datum)
Sylter Intelligenzblatt 1898, 1900, 1903, 1904, 1908

Literatur

Århammar, Nils: *Die Syltringer Sprache, Die Syltringer Literatur*. In: Sylt, Geschichte und Gestalt einer Insel. Itzehoe (heute: Münsterdorf) 1967
Arfsten, Reinhard: *Chronik eines friesischen Dorfes*, Süderende auf Föhr. Heide 1968
Berghahn, Volker: *Der Stahlhelm und der Bund der Frontsoldaten*. Düsseldorf 1966
Bloch, Charles: *Die SA und die Krise des NS-Regimes*. Frankfurt 1970
Bracher, Karl Dietrich: *Die deutsche Diktatur*. Köln/Berlin 1969
–: *Die Auflösung der Weimarer Republik*, Eine Studie zum Problem des Machtzerfalls in der Demokratie. Villingen 1964
Bülck, Rudolf: *Lewer duad üs Slaw*, Geschichte eines politischen Schlagworts. In: Jahrbuch des Vereins für niederdeutsche Sprachforschung, Jg. 1951
Clemenz, Uwe Thies: *Söl'ring an Syler Schulen* (1909–1950). Studien und Materialien Nr. 2, Nordfriisk Instituut, Bredstedt 1970
Erdmann, Karl Dietrich: *Zur Frage des 14. März*. In: Volksabstimmungen im Landesteil Schleswig. Neumünster 1970
Hansen, Christian Peter: *Die Insel Sylt in geschichtlicher und statistischer Hinsicht*. Hamburg 1845
Heberle, Rudolf: *Zur Soziologie der nationalsozialistischen Revolution*. In: Vierteljahreshefte für Zeitgeschichte 13 (1965)
–: *Landbevölkerung und Nationalsozialismus*, Eine soziologische Untersuchung der politischen Willensbildung in Schleswig-Holstein 1918–1932. In: Schriftenreihe der Vierteljahreshefte für Zeitgeschichte Nr. 6, Stuttgart 1963
Jensen, Johannes: *Nordfriesland in den geistigen und politischen Strömungen des 19. Jahrhunderts*. Quellen und Forschungen zur Geschichte Schleswig-Holsteins Bd. 44, Neumünster 1961

–: *Im Kleinen und Geringfügigen bekommen die großen Dinge ihren Leib*, Regionalforschung oder Heimatkunde? In: Nordfriesland 2, (April 1966)

–: *Die Geschichte der Insel Amrum*. In: Amrum, Geschichte und Gestalt einer Insel. Itzehoe (heute: Münsterdorf) 1964

Jochmann, Werner: *Nationalsozialismus und Revolution*, Ursprung und Geschichte der NSDAP in Hamburg 1922–1933. Frankfurt 1965

Karff, Fritz: *Nordstrand*, Geschichte einer nordfriesischen Insel. Flensburg 1972

Lehmann, Hans Dietrich: *Der »Deutsche Ausschuß« und die Abstimmungen in Schleswig 1920*. In: Quellen und Forschungen zur Geschichte Schleswig-Holsteins Bd. 55, Neumünster 1969

Milatz, Alfred: *Wähler und Wahlen in der Weimarer Republik*. In: Schriften der Bundeszentrale für politische Bildung Heft 66. Bonn 1968

Mungard, Nann Peter: Rundschreiben (ohne Titel). Keitum 1920

–: *Ein inselnordfriesisches Wörterbuch* (Eilunsfriisk Spraak an Wiis), hg. von V. Tams Jörgensen. Nordfriisk Instituut, Bredstedt 1974

Petersen, Viggo: *Ringridningen i Åbenrå gennem tiderne*. Åbenrå 1971

Roßberg, Fritz: *Ortschronik von Westerland*. Maschinengeschriebenes Manuskript im Sylter Archiv, Westerland 1935

–: *Geschichte des Nordseebades Westerland von seiner Gründung bis zur Jetztzeit*. Maschinengeschriebenes Manuskript im Sylter Archiv, Westerland. o. J.

Schlee, Ernst: *Altes und neues Sylt – das geistige Bild der Insel*. In: Sylt, Geschichte und Gestalt einer Insel. Itzehoe (heute: Münsterdorf) 1967

Schuhmacher, Martin: *Mittelstandsfront und Republik*, Die Wirtschaftspartei/Reichspartei des deutschen Mittelstandes 1919-1933. Düsseldorf 1972

Sontheimer, Kurt: *Antidemokratisches Denken in der Weimarer Republik*. München 1962

Stoltenberg, Gerhard: *Politische Strömungen im Schleswig-holsteinischen Landvolk 1918–1933*, Ein Beitrag zur politischen Meinungsbildung in der Weimarer Republik. Düsseldorf 1962

Tank, Kurt Lothar (Hg.): *Sylter Lesebuch*. Frankfurt 1973

Tholund, Jakob: *Die Geschichte der Insel Föhr*. In: Föhr, Geschichte und Gestalt einer Insel. Münsterdorf 1971

Voigt, Harald: *Geschichte der Insel Sylt*. In: Sylt, Geschichte und Gestalt einer Insel. Itzehoe (heute: Münsterdorf) 1967

–: *Die Ausübung des Strandrechts auf Sylt 1918–1939 als Spiegelbild der wirtschaftlichen Verhältnisse*. Nordfriesisches Jahrbuch NF Bd. 11, 1975

–: *Biikebrennen und Petritag*, Ein Volksbrauch im Spiegel der Zeiten. In: Nordfriesland 35/36, (Februar 1976)

Wedemeyer, Manfred: *Sylter Literaturgeschichte in einer Stunde*. Sylter Beiträge 4, Münsterdorf 1972

Wenk, Hans-Günther: *Die Natur- und Kulturlandschaft der Insel Sylt*. In: Sylt, Geschichte und Gestalt einer Insel. Itzehoe (heute: Münsterdorf) 1967

Winter, Reinhold: *Die Entwicklung der Freimaurerei auf der Insel Sylt und die Geschichte der St. Johannis-Loge »Frisia zur Nordwacht« in Westerland*. Maschinengeschriebenes Manuskript im Sylter Archiv, Westerland 1967

Wulf, Peter: *Die politische Haltung des schleswig-holsteinischen Handwerks 1928–1932*. In: Abhandlungen zur Mittelstandsforschung Nr. 40. Köln/Opladen 1969

Anmerkungen

Vorwort (S. 7–9)

1 Harald Voigt: *Geschichte der Insel Sylt*. In: Sylt, Geschichte und Gestalt einer Insel, Itzehoe (heute Münsterdorf) 1967. Die gleichen Erfahrungen für Föhr und Amrum ergeben sich aus den Arbeiten von Jakob Tholund und Johannes Jensen. Jakob Tholund: *Geschichte der Insel Föhr*. In: Föhr, Geschichte und Gestalt einer Insel, Münsterdorf 1971. Johannes Jensen: *Die Geschichte der Insel Amrum*. In: Amrum, Geschichte und Gestalt einer Insel, Itzehoe (heute: Münsterdorf) 1964
2 Hierfür einige Beispiele aus dem Nordfriesischen Raum. Keine Berücksichtigung findet die neueste Entwicklung von Nordstrand in dem Werk von Fritz Karff: *Nordstrand*, Geschichte einer nordfriesischen Insel, Flensburg 1972. Ebenso sind der politischen Entwicklung vom Ersten Weltkrieg bis 1955 nur 29 Zeilen (S. 134f.) gewidmet bei Reinhard Arfsten: *Chronik eines friesischen Dorfes*, Süderende auf Föhr, Heide 1968. Zum Grundsätzlichen der Problematik s. Johannes Jensen: *Im Kleinen und Geringfügigen bekommen die Dinge ihren Leib*, Regionalforschung oder Heimatkunde? In: Nordfriesland 1. Jg. Nr. 2, 1966, S. 14ff.
3 SyZ 11. September 1935
4 Schreiben des Bundesarchivs an den Verfasser, 29. März 1973 (Az. 9911)

Für Kaiser, Gott und Vaterland (S. 11–16)

1 C. P. Hansen: *Die Insel Sylt in geschichtlicher und statistischer Hinsicht*, Hamburg 1845, S. 618f.
2 Zu den statistischen Angaben s. ebd. S. 589; zur Wertung ebd. S. 635
3 Sylter Intelligenz-Blatt 20. Dezember 1905. Westerland hatte zu diesem Zeitpunkt 309 wahlberechtigte Bürger, s. ebd. 5. April 1905
4 Rudolf Bülck: *Lewer duad üs Slaw*, Geschichte eines politischen Schlagwortes. In: Jahrbuch für niederdeutsche Sprachforschung, Jg. 1951, S. 99

Die Aufreizung einer nationalen Entscheidung (S. 17–40)

»Ruhig inmitten der Wogen« (S. 19–20)

1 Zu den Einzelheiten dieser Phase s. Fritz Roßberg: *Ortschronik von Westerland*, Ms. im Sylter Archiv, Westerland 1935, S. 41f. Daß im Dezember 1919 große Schwierigkeiten bei der Lebensmittelversorgung (besonders Brotgetreide und Butter) auftraten, ergibt sich aus einer Meldung der Glückstädter Fortuna vom 9. Dezember 1919
2 Zu den einzelnen Listen SyZ 3. April 1919. Daß es sich um eine allgemeine Erscheinung in Norddeutschland handelt, weist G. Stoltenberg nach: *Politische Strömungen im schleswig-holsteinischen Landvolk 1918–1933*, Düsseldorf 1962, S. 48. In List und Rantum/Hörnum fanden anfänglich wegen der geringen Größe dieser Orte keine Gemeindewahlen statt. Hier konnten alle wahlberechtigten

Gemeindemitglieder ihre Entscheidung in der Gemeindeversammlung fällen
3 Zu den Einzelheiten der Wahl SyZ 5. Mai 1924. Die Protokolle der Gemeindesitzungen von Keitum, Tinnum, Archsum, Morsum und Rantum/Hörnum lagen mir zur Einsicht vor. Sie befinden sich im Besitz der Gemeinden
4 Zur Kreistagswahl SyZ 30. November 1925
5 SyZ 3. November 1928
6 SyZ 17. November 1924, 9. März 1925, 2. Februar 1928. Zur Geschichte des Stahlhelm s. Volker Berghahn: *Der Stahlhelm und der Bund der Frontsoldaten*, Düsseldorf 1966
7 SyZ 7. Mai 1928, 9. März 1925, 11. Mai 1928; SyN 23. Mai 1928
8 SyZ 25. August 1924, 2. Juli, 20. Juli, 30. Juli, 8. August, 22. August, 29. August 1925. Zum Flaggenstreit SyZ 10. August 1926. Zum Vorfall auf Borkum SyZ 13. August 1930

»Das ist eure Schuld, ihr Lauen« (S. 22–26)

1 Zu den Ergebnissen allgemein s. Alfred Milatz: *Wähler und Wahlen in der Weimarer Republik*, Bonn 1965. Eine Analyse der schleswig-holsteinischen Wahlen findet sich bei G. Stoltenberg: *Politische Strömungen im schleswig-holsteinischen Landvolk 1918–1933*, Düsseldorf 1962, S. 30ff. Zu den Vorgängen im Reich s. Karl Dietrich Bracher: *Die deutsche Diktatur*, Köln/Berlin 1969, S. 72ff. Der Brief des Amtsrichters ist abgedruckt in der SyZ 22. November 1919
2 Zur schleswig-holsteinischen Landespartei s. G. Stoltenberg *aaO.*, S. 54f.
3 Ein ungefähr gleiches Ergebnis für die dänische Minderheit brachten auch die Kreistags- und Landtagswahlen; Landtagswahl vom 7. Dezember 1924: 43 Stimmen; Kreistagswahl vom 29. November 1925; 56 Stimmen. Aus der Fülle der diskriminierenden Artikel gegen die dänische Minderheit seien nur zwei erwähnt: Stellungnahme von Pastor Muuß zum Wahlergebnis vom 20. April 1928 (*Das danofriesische Fiasko*, SyZ 25. Mai 1928); Aufruf des Nordfriesischen Vereins (SyZ 19. Mai 1928). – Die Landtagswahl vom 7. Dezember 1924 ist in ihren Ergebnissen fast identisch mit der Reichstagswahl; auf Sylt erhielten: NSDAP (Nationalsozialistische Freiheitsbewegung) 55, DNVP 707, DVP 583, DDP 151, SPD 726, KPD 47 und der Schleswigsche Verein (Dänen) 43 Stimmen.
4 DNVP SyZ 5. Mai 1928; DDP SyZ 12. Mai 1928. Bei den Wahlen zum Provinziallandtag (29. November 1925) hatte die DDP nur 79 Stimmen auf Sylt bekommen. KPD SyZ 11. Mai 1928; SPD SyZ 14. Mai 1928; Reichspartei des deutschen Mittelstandes und DVP SyZ 18. Mai 1928; Kreisbauernverein SyZ 18. Mai 1925; Landvolkspartei SyZ 9. Mai 1928. Zur politischen Situation im bäuerlichen Bereich s. G. Stoltenberg *aaO.*, S. 107ff.
5 Martin Schumacher: *Mittelstandsfront und Republik*, Die Wirtschaftspartei/ Reichspartei des deutschen Mittelstandes, Düsseldorf 1972, S. 204. Ihren ersten Erfolg auf Sylt konnte die Partei am 29. November 1925 bei den Wahlen zum Provinziallandtag mit 175 Stimmen verbuchen.
6 S. auch *Berichte über die Lage des Arbeitsmarktes* SyZ 1. Mai und 16. Mai 1928. Die KPD hatte in der Zeit relativer wirtschaftlicher Stabilität (Provinziallandtagswahl 1925) nur 14 Stimmen auf Sylt bekommen.

Die Stunde der Nordmarkfahrer (S. 27–32)

1 Zu den Versammlungen s. die Berichte in der SyZ 26. März und 26. Mai 1919. Zur Geschichte der Abstimmung allgemein s. Hans Dietrich Lehmann: *Der »Deutsche Ausschuß« und die Abstimmungen in Schleswig 1920*, Neumünster (QuFGSH Bd. 55) 1969
2 Zur Information über Uwe Jens Lornsen und seine Epoche eignet sich besonders die Monographie von Johannes Jensen: *Nordfriesland in den geistigen und politischen Strömungen des 19. Jahrhunderts*, Neumünster (QuFGSH Bd. 44) 1961
3 Die Einzelheiten ergeben sich aus Meldungen der SyZ vom 26. Februar, 12. März, 25. Mai und 2. Juni 1919. Es bestand der Plan, die Thinghügel zu »einer großzügigen Kriegsgedächtnisstätte auszubauen«, SyZ 25. Juni 1919. Zu der besonderen verfassungsrechtlichen Situation des Listlandes, das das Gebiet zwischen der Nordgrenze Kampens und dem Lister Ellenbogen umfaßte, s. Harald Voigt: *Geschichte der Insel Sylt*. In: Sylt, Geschichte und Gestalt einer Insel, Itzehoe (heute: Münsterdorf) 1967, S. 56f.
4 SyZ 11. Februar, 16. Februar, 5. März 1920
5 SyZ 21. Juli und 21. August 1919
6 Nachruf SyZ 3. August 1935. S. auch Nils Århammar: *Die Syltringer Sprache*. In: Sylt, Geschichte und Gestalt einer Insel, Itzehoe (heute: Münsterdorf) 1967, S. 224. Einen kurzen Abriß seines Lebens gibt V. Tams Jörgensen im 1. Band des *Inselnordfriesischen Wörterbuchs* von Mungard, Nordfriisk Instituut, Bredstedt 1974
7 SyZ 24. Oktober 1919, 12. März 1920
8 SyZ 9. Februar und 12. März 1920. K. D. Erdmann: *Die Frage des 14. März 1920*. In: Volksabstimmungen im Landesteil Schleswig, Neumünster 1970, S. 24f.
9 SyZ 26. Februar und 13. März 1920. Das Ergebnis der Abstimmung ist abgedruckt SyZ 15. März 1920. Die Petition ist abgedruckt SyZ 26. März 1920

»Seid Christen, seid Deutsche!« (S. 33–34)

1 SyZ 5. Februar 1919, 23. und 26. März 1920, 25. Februar 1924, 23. Februar 1925
2 SyZ 13. März 1926. Nach einem ähnlichen Schema verlief auch die von der Söl'ring Foriining 1925 in Keitum durchgeführte Feier, SyZ 16. März 1925
3 Bericht über die Abstimmungsfeier 1930 SyZ 17. März 1930. Zu den weiteren Einzelheiten SyZ 27. November 1925, 16. Januar 1933

Kein Wunder der »Rentenmark« (S. 35–37)

1 SyZ 2. Juni und 6. Oktober 1919. Die Situation wird durch einen Artikel des sozialdemokratischen Ratmanns Andreas Nielsen geschildert: SyZ 13. März 1923
2 SyZ 19. Mai 1923, 17. November 1924
3 Aus einem zeitgenössischen Bericht von Victor Aubertin, Sylt 1921. In: K. L. Tank (Hg.), *Sylter Lesebuch*, Frankfurt/Berlin 1973, S. 130ff.
4 SyZ 7. Juli 1919
5 SyZ 13. November 1920
6 SyZ 17. Januar 1925
7 Grundlegend zur wirtschaftlichen Situation der Landwirtschaft G. Stoltenberg, aaO., S. 66ff.

Der Reichspräsident als Pate (S. 38–40)

1 Zur Entwicklung der Sylter Verkehrsverhältnisse s. Harald Voigt: *Geschichte der Insel Sylt*. In: Sylt, Geschichte und Gestalt einer Insel, Itzehoe (heute: Münsterdorf) 1967, S. 80f. Der Klageruf stammt vom Leiter des Westerländer Arbeitsamtes, SyZ 4. November 1920
2 Reisebericht von Victor Aubertin, Sylt 1921. In K. L. Tank (Hg,), *Sylter Lesebuch*, Frankfurt/Berlin 1973, S. 127ff.
3 Zu den Einzelheiten SyZ 4. November 1920, 15. Januar 1923

Die gewaltsame Lösung politischer Gegensätze (S. 41–82)

Sieg für »Heimat und Wirtschaft« (S. 43–44)

1 SyN 22. Oktober 1928 und 31. Dezember 1929. Die Rote Hilfe Deutschlands (RHD) leistete Rechtsbeistand in Prozessen, unterstützte Angehörige von Inhaftierten und war sozialpolitisch tätig.
2 Es gab in den Wahlbezirken von Westerland je 3, in Wenningstedt und Morsum je 2 Listenvorschläge. Zu den Ergebnissen der Kommunalwahl vom 17. November 1929 SyZ 18. November 1929
3 SyN 15. August 1928, 31. Dezember 1929
4 Zum Vergleich: SPD 644, Dänen 52, die beiden bürgerlichen Listen 1752

»Die Lage ist trostlos« (S. 45–49)

1 Einen guten Einblick in die Situation des Fremdenverkehrs geben die Berichte in der SyZ 6. Oktober und 31.- Dezember 1928, 31. Dezember 1929, 3. Januar und 5. Januar 1931
2 SyZ 6. Oktober 1928, 3. Januar 1931
3 Hierzu F. Roßberg:*Ortschronik von Westerland*, maschinengeschriebenes Ms. im Sylter Archiv Westerland, S. 63ff.; SyZ 13. Januar 1932
4 Zur Situation des schleswig-holsteinischen Handwerks allgemein s. Peter Wulf: *Die politische Haltung des schleswig-holsteinischen Handwerks 1928–1932*, Köln/Opladen 1969, S. 117ff. Besonders das in Westerland an der Norderstraße von dem englischen Bankier Grove-Spiro in dieser Zeit gebaute »Rundhaus« mußte oft als Beispiel für die Leistungsfähigkeit des einheimischen Gewerbes dienen; SyZ 6. Juni, 28. August und 7. September 1933, 17. September 1935
5 SyZ 31. Dezember 1929, 24. Oktober 1931
6 SyZ 6. November 1932
7 Zu den Eingaben der einheimischen Stellen und den Antworten der Behörden SyZ 15. Februar, 16. April und 28. Juni 1932; Protokoll der Keitumer Gemeindevertretung vom 28. Dezember 1931
8 SyZ 31. August 1933, 17. März 1938, 12. März 1939
9 SyZ 30. Mai 1931, 6. April 1932
10 SyZ 20. Januar 1932
11 G. Stoltenberg, *aaO.*, S. 107, Anm. 3. Ferner Bericht *Von der Landwirtschaft*, in dem radikale Tendenzen sichtbar werden, SyN 22. Oktober 1928. Zur Lage der Landwirtschaft im Kreis Südtondern SyZ 12. Januar 1933

12 SyZ 13. März 1930, 11. April und 29. Oktober 1932, 21. Januar 1933. Ähnliche Maßnahmen sind aus den Sitzungsprotokollen der Gemeinde Rantum/Hörnum vom 12. Januar und 9. Februar ersichtlich
13 SyZ 3. Oktober 1930, 16. Mai 1931, 30. April 1932. Innerhalb von 210 Tagen wurden über 51000 Essensportionen ausgegeben. Am 30. April 1932 mußte der Betrieb wegen fehlender Mittel aufgegeben werden. Zur Strandholzaktion SyZ 18. Dezember 1931, 14. Januar und 29. Januar 1932
14 SyZ 5. Januar, 15. Februar, 30. April 1932
15 SyZ 12. Mai 1931, 31. Mai 1932, 23. Juni 1934. Am 20. Januar 1933 wurde das Projekt in der Westerländer Stadtvertretung diskutiert; SyZ 21. Januar 1933. Ausbau der Kurpromenade SyZ 16. April 1932
16 Munkmarsch SyZ 17. Januar und 3. Mai 1933, List-Hörnum SyZ 13. Februar und 17. Februar 1933; Straßenverbindung nach Sylt SyZ 17. Februar und 24. Februar 1933. In etwas abgewandelter Form wird dieser Gedanke kurz darauf von den Nationalsozialisten wieder aufgenommen. Die Straße sollte auf dem Damm verlaufen, wobei verschiedene Lösungsmöglichkeiten erörtert wurden: a) Verlegung des Gleises, um eine Straßenbreite von 5,5 m zu bekommen; b) Verkleidung der Schienen mit Bretterbohlen, damit in zugfreien Zeiten Kraftfahrzeuge fahren können; c) Triebwagenverkehr mit Autobeförderung; SyZ 18. Dezember 1933. Neben anderen offiziellen Stellen befaßte sich auch der »Treuhänder der Arbeit« mit diesem Projekt; SyZ 8. Januar 1934
17 SyN 31. Dezember 1929
18 Bericht über die Geschichte des Deichprojekts vom Landrat des Kreises Südtondern SyZ 16. März 1933; ferner F. Roßberg: *Ortschronik von Westerland*, maschinengeschriebenes Ms. im Sylter Archiv, S. 62. Über die technischen Einzelheiten SyZ 24. Januar 1933 (2. Blatt). Zur öffentlichen Diskussion über das Projekt Nösse-Deich SyZ 12. September 1932, 20. Januar, 24. Januar, 2. Februar, 3. Februar, 8. Februar, 13. Februar, 15. Februar und 16. Februar 1933
19 SyN 27. November 1931
20 Rudolf Heberle: *Zur Soziologie der nationalsozialistischen Revolution*. In: VfZG 13 (1965), S. 440

Hakenkreuze auf der Insel (S. 50–51)

1 SyZ 30. August 1930 (Reichspartei), 1. September 1930 (Reichsbanner Schwarz-Rot-Gold), 5. September 1930 (SPD), 9. September 1930 (KPD). Bericht über die KPD-Versammlung SyZ 11. September 1930
2 SyZ 13. September 1930 (DNVP und DStP). Im August 1930 hatte die DStP einen Aktionsausschuß im Kreis Südtondern gebildet SyZ 4. August 1930. Auf Sylt griff sie auf die dort bestehende Organisation des Jungdeutschen Ordens zurück
3 SyZ 4. September und 6. September 1930

Der »uneigennützige, bescheidene, aufrechte« A. H. (S. 52–53)

1 SyZ 25. August 1923
2 K. D. Bracher: *Die deutsche Diktatur*, Köln/Berlin 1969, S. 93 f.
3 SyZ 5. Oktober 1923, 12. November 1923
4 SyZ 10. März, 26. März, 4. April 1924 (Hitler-Prozeß); SyZ 17. Mai 1926 (Eutin).

Auch über Hitlers Wiederauftreten nach seiner Haftentlassung wird ausführlich berichtet; SyZ 3. März 1925
5 Hierzu s. K. D. Bracher, aaO., S. 106
6 SyZ 21. November 1925, 18. März 1929 (Schlägereien); SyZ 8. Juli 1929, 7. Mai 1930 (Krawalle); SyZ 15. Mai 1929, 4. November 1929 (Beleidigungsprozesse); SyZ 9. März, 11. März, 15. März 1929, 3. Oktober 1929, 4. Januar 1930, 14. Februar 1930 (Saal- und Straßenschlachten); SyZ 26. Juni 1930 (Demonstrationsumzug); SyZ 25. Juni 1930 (Raufereien); SyZ 4. Juli 1930 (Schießereien)
7 SyZ 19. Februar 1926 (Zahl der Rundfunkgeräte); SyZ 28. Oktober 1930 (Rundfunkdichte in Westerland)

»Die Parteien am Ende – Hitler am Anfang« (S. 54–56)

1 SyZ 7. Mai 1930. Der Vorgang spielte sich in Husum ab; in diesem Kreis waren die Nationalsozialisten seit Juni 1929 aktiv; LAS 301/4690. Hinrich Lohse war Mitglied des preußischen Landtags und Gauleiter von Hamburg. Am 5. Februar 1929 bat er Hitler, einen anderen Gauleiter für Hamburg zu ernennen, da er infolge »der Überlastung in Schleswig-Holstein« nicht mehr dazu in der Lage war; s. Werner Jochmann: *Nationalsozialismus und Revolution*, Ursprung und Geschichte der NSDAP in Hamburg, Frankfurt 1963, S. 277. Zur Führungsrolle von H. Lohse s. auch G. Stoltenberg, aaO., S. 142
2 SyZ 4. September 1930 (Westerland), SyZ 6. September 1930 (Keitum). Im Bericht des Landrats an den Regierungspräsidenten in Schleswig ist allerdings nur von geschätzten 100 (Westerland) und 40 Personen (Keitum) die Rede; LAS 301/4691
3 K. D. Bracher, aaO., S. 109
4 K. D. Bracher, aaO., S. 199. Zu den Ergebnissen in Schleswig-Holstein s. G. Stoltenberg, aaO., S. 163 ff. Im Reich steigerte sich die Wahlbeteiligung von 76,6 Prozent (1928) auf 82 Prozent
5 So wurden in Westerland 785, in Kampen 181, in Wenningstedt 157, in Rantum 98 und in List 47 Stimmscheine verwendet. In den Ostdörfern war der Anteil wesentlich geringer: Morsum 8, Archsum 4, Keitum 32 und Tinnum 14 Stimmscheine. Alle diese Angaben in SyZ 15. September 1930
6 Die Ergebnisse von Amrum: NSDAP 299, DVP 125, DNVP 105, DStP 69. Die Ergebnisse von Föhr: NSDAP 1013, Bauern- und Landvolkpartei 524, DVP 273, DNVP 199. Zum Vergleich die Ergebnisse im Kreis Südtondern: NSDAP 4448, Bauern- und Landvolkpartei 3376, SPD 2251, DVP 1818, DNVP 1118
7 Zur Agitation der KPD s. LAS 301/4691, 4692

»In musterhafter Ordnung und Disziplin« (S. 57–60)

1 Zu den Besucherzahlen (Westerland) SyZ 22. September 1931, 26. Januar, 12. März, 5. November 1932; (Morsum) SyZ 1. Februar, 13. Februar, 10. März, 9. April, 15. April 1932, ferner LAS 301/4692; (Archsum) SyZ 11. März 1932. Reaktion der NSDAP SyZ 19. März 1932
2 SPD SyZ 22. Januar 1931, 22. April, 22. Juli, 31. Oktober 1932; KPD SyZ 31. Mai, 25. Juli, 3. August 1931. Im Januar und Juli besuchten jeweils 250 Personen die KPD-Veranstaltungen in Westerland; LAS 301/4691. Bei einer Versammlung in Morsum wurden im Januar sogar 420 Besucher registriert; LAS 301/4692

3 Werbemärsche SyZ 12. März 1932; Volkstrauertag SyZ 22. Februar 1932; Aufhebung des SA-Verbots SyZ 26. Juni 1932
4 Zu den Einzelheiten der Wahlkampagne SyZ 18. Februar, 10. März, 12. März, 14. März 1932
5 Kurt Sontheimer: *Antidemokratisches Denken in der Weimarer Republik*, München 1962, S. 380
6 Eiserne Front SyZ 20. Februar, 11. und 14. März 1932; Kampfblock Schwarz-Weiß-Rot SyZ 11. März 1932; KPD s. LAS 301/4692
7 LAS 301/4692. Bericht des Landrats in Niebüll vom 30. März 1932 an den Regierungspräsidenten in Schleswig
8 K. Sontheimer, *aaO.*, S. 380
9 Westerland SyZ 22. Januar, 11. März, 8. April, 20. April, 12. Juli, 20. Juli, 20. Oktober, 3. November 1932. Morsum SyZ 13. April, 26. Juli, 27. Oktober 1932. Wenningstedt SyZ 23. Januar, 14. April, 27. Juli 1932. Archsum SyZ 19. März 1932. List SyZ 7. März 1932. Kampen SyZ 8. März 1932. Werbemärsche SyZ 24. Januar und 12. April 1932. »Deutsche Abende« SyZ 30. Januar und 30. Oktober 1932
10 SyZ 26. Januar 1932; s. auch K. D. Bracher, *aaO.*, S. 196
11 SyZ 19. Januar 1932
12 SyZ 22. Oktober 1931
13 SyZ 13. Februar und 28. Oktober 1932; SyN 1. Oktober und 15. Oktober 1932
14 SyZ 11. September 1935 (Bericht des Sylter SA-Führers zum fünfjährigen Bestehen der Ortsgruppe Sylt)
15 SyZ 17. September 1931
16 SyZ 14. Februar 1933

Mit Knüppeln, Zaunlatten und Reitpeitschen (S. 61–64)

1 Die Zitate aus SyZ 30. August, 4. September, 17. November 1930. Demolieren von Scheiben SyZ 5. Dezember und 10. Dezember 1930
2 Zu den Ereignissen in Büsum SyZ 8. August 1930
3 Leserbrief SyZ 11. Februar 1931. Maßnahmen der Badeverwaltung SyZ 5. September 1931, Ebenso Keitumer Gemeindevertretung, Gemeindeprotokoll vom 7. September 1932
4 Zu den Veranstaltungen SyZ 2. Mai, 19. Juni, 10. August 1931, 2. Mai 1932. Zum Zwischenfall am Strand s. Schreiben der Polizei vom 31. August 1932, Schreiben des Bürgermeisters vom 1. September 1932, Protokoll der Kriminalpolizei vom 7. September 1932, im Sylter Archiv
5 SyZ 30. Juni 1933
6 Hierzu SyZ 14. September, 2. Oktober, 12. Oktober 1931, 18. und 19. April 1932
7 SyZ 13. Oktober 1932; auch in der Folgezeit behielt man die turnusmäßige Unterbrechung bei
8 SyZ 22. und 25. September 1931
9 SyZ 1. und 2. Oktober 1931. Hierzu s. auch die Stellungnahme des örtlichen SA-Führers (SyZ 3. Oktober 1931), sowie die sich mit diesen Vorgängen befassenden Berichte über die Versammlungen von NSDAP und KPD (SyZ 6. Oktober 1931). Da der SA-Führer leitender Arzt des städtischen Krankenhauses war, forderten die Kommunisten in einer Resolution seine Abberufung wegen seiner

Beteiligung an diesen Vorgängen. In dem Prozeß wurden die fünf hauptbeteiligten Kommunisten zu Gefängnisstrafen zwischen 6 Monaten und 2 Wochen verurteilt (SyZ 23. Januar 1932). In der Revisionsverhandlung wurden zwei von ihnen auf Kosten der Staatskasse freigesprochen, die anderen Urteile bestätigt (SyZ 18. und 19. April 1932). Ein Nationalsozialist stand ebenfalls unter Anklage, doch wurde das Verfahren wegen Ortsabwesenheit abgetrennt; in einer späteren Verhandlung wurde er freigesprochen (SyZ 2. Dezember 1932)

10 Zu den Zwischenfällen SyZ 12. November 1931, 11. November 1932
11 SyZ 7. Januar und 20. Februar 1933

Die Inselhaltung wird »enthemmt« (S. 65–73)

1 A. Milatz: *Wähler und Wahlverhalten in der Weimarer Republik*, Bonn 1968, S. 111 ff.; ferner Bracher, *aaO.*, S. 175 ff.
2 G. Stoltenberg, *aaO.*, S. 141 ff. und S. 162 f. In einem Brief von Hinrich Lohse, dem späteren Gauleiter von Schleswig-Holstein an Hitler vom 21. Februar 1929 heißt es: »In Schleswig-Holstein geht die Aufwärtsentwicklung unvermindert fort, so daß wir jetzt ungefähr 6000 Parteigenossen im Gau zählen. Wenn nichts dazwischen kommt, werden wir die Zahl zum Parteitag auf 8000 bis 10000 Mann hinaufschrauben können.« Dieser Brief ist abgedruckt bei W. Jochmann, *aaO.*, S. 278
3 LAS 301/4690 bis 4693 und SyZ 9. Januar, 14. Januar, 29. August 1931, SyZ 29. August 1931, SyZ 12. Juli 1932
4 Zur Gründung der Sylter Ortsgruppe der NSDAP 4. September 1930, SyZ 28. Februar 1934, SyZ 11. September 1935
5 Bereits im März 1930 hatten die Nationalsozialisten in Wyk und Oldsum öffentliche Versammlungen mit dem Redner Brix (Eutin) durchgeführt; sie waren von 60 und von 50 Personen besucht worden; LAS 301/4690. Der Ausbau des Nationalsozialismus auf Föhr ergibt sich aus SyZ 15. Dezember 1930, 24. März, 14. September, 24. September 1931, 13. Juli 1933, 5. Oktober 1935. Einen knappen Überblick vermittelt Jakob Tholund: *Die Geschichte der Insel Föhr.* In: Föhr, Geschichte und Gestalt einer Insel, Münsterdorf 1971, S. 79
6 Die Angaben für Amrum ergeben sich aus der SyZ 4. März 1931, 17. September 1931, 17. Februar 1932, 11. Mai 1933. Die erste NS-Versammlung fand in Nebel statt und wurde von 250 Personen besucht; LAS 301/4691. Zur Amrumer »Inselhaltung« s. Johannes Jensen: *Die Geschichte der Insel Amrum.* In: Amrum, Geschichte und Gestalt einer Insel, Itzehoe (heute: Münsterdorf) 1964, S. 88 ff. und S. 104 f.
7 In einem Bericht der SyZ vom 7. Oktober 1933 ist allgemein von den Schwierigkeiten der NSDAP auf Helgoland die Rede; durch Unterlagen im Landesarchiv konnten die Einzelheiten geklärt werden; LAS 301/4690, 4691, 4692 (Bericht des Landkreisjägeramtes Helgoland an den Landrat in Pinneberg)
8 Langeneß SyZ 4. März 1931 und 28. September 1933
9 Zum weitern Ausbau der Sylter NSDAP SyZ 18. Oktober 1930, 14. September 1931, 28. Februar 1934, 11. September 1935
10 Zu den Einzelheiten dieses Abschnitts s. SyZ 25. Januar 1932, 1. Februar 1932, 24. März 1932, 24. Mai 1933 (in List hatte die SA zu diesem Zeitpunkt eine Stärke von 30 Mann, die Hitler-Jugend zählte 21, der BdM 14 Mitglieder); SyZ 25. August

1933 (Tinnum wird erst im November 1938 selbständige Ortsgruppe s. SyZ 28. November 1938), SyZ 26. August 1933. Die erste NS-Versammlung war in Hörnum im Februar 1936 (SyZ 8. Februar 1936); im März 1939 wurde der Ort eine selbständige Ortsgruppe (SyZ 2. März 1939)

11 Festländische SA auf Sylt SyZ 4. September 1930, 22. September 1931. Wegen dieses Einsatzes kam es zu Differenzen zwischen der Sylter SA und der festländischen SA-Führung; SyZ 11. September 1935. Zur Geschichte der SA s. unter anderm Charles Bloch: *Die SA und die Krise des NS-Regimes 1934*, Frankfurt 1970, S. 11 ff. Einsatz auf Föhr SyZ 18. September 1931. Mitgliederstärke der SA SyZ 18. Oktober 1930, 18. Oktober 1931, 20. Juni, und 5. November 1932. Spielmannszug und Musikkorps SyZ, 21. August, 26. August und 7. Oktober 1933. Genaue Zahlen über die Reiter-SA liegen nicht vor. Der Föhrer Reiter-Sturm hatte Ende 1933 nach SyZ 13. Dezember 1933 immerhin 80 Mitglieder

12 Zur Gliederung der Sylter SA SyZ 9. August 1933. Die Standarten stellten mit ihren Bezeichnungen bewußt Traditionsverbindungen zu den alten preußischen Regimentern her. So stammt die Zahl 20 für die Standarte Südtondern von dem ehemaligen Fußartillerie-Regiment 20 in Lauenburg. Zur Lister SA SyZ 30. August und 28. September 1933. Über die Aufstellung von SS-Verbänden liegen nur spärliche Nachrichten vor; im Kreis Südtondern wurde die erste Einheit der SS im Juli 1933 mit 85 Mann aufgestellt; SyZ 12. Juli 1933. Auf Sylt kann erst 1936 ein SS-Sturm (3/50) nachgewiesen werden; SyZ 7. Februar 1936, 13. November 1937

13 Hitlerjugend (HJ, BdM, Jungvolk): erstes Auftreten SyZ 1. Februar 1933; Propaganda SyZ 10., 13. und 21. Februar 1933, 6. Juni 1933. Mitgliederzahl SyZ 14. Juli 1933; zur Organisation SyZ 30. August und 2. Oktober 1933. Im März 1934 wurde in Morsum/Archsum eine selbständige Schar errichtet; SyZ 22. März 1933. Zur Namengebung SyZ 20. Januar 1934. Über Lorens de Hahn s. H. Voigt: *Geschichte der Insel Sylt.* In: Sylt, Geschichte und Gestalt einer Insel, Itzehoe (heute: Münsterdorf) 1967, S. 50 f.

14 Zur Frauenschaft SyZ 6. Mai, 19. Oktober, 20. Dezember 1932, 23. September und 7. Oktober 1933. Rundfunk SyZ 6. Mai 1933. Über die Zielsetzung dieser später als Reichsverband deutscher Rundfunkteilnehmer bezeichneten Organisation SyZ 4. Oktober 1933; zu diesem Zeitpunkt setzte eine verstärkte Werbekampagne ein

15 Zur Behandlung der Grenzfrage durch die NSDAP SyZ 13. Dezember 1932, 14. Februar 1933. Ideologische Ausrichtung und Intensität dieser Schulung spiegelt sich in zahlreichen Unterlagen wider; SyZ 12. Oktober und 15. Dezember 1933, 18. Februar, 24. März, 6. Mai, 7. Juni, 12. Oktober, 15. Dezember 1932. Zu den NS-Feiern SyZ 29. Dezember 1931, 1. Februar, 27. Juni, 1. November, 15. November, 29. November, 29. Dezember 1932. Hierzu s. auch K. D. Bracher, *aaO.*, S. 107. Neben dieser psychologischen Wirkung dienten die Veranstaltungen aber auch dazu, mit Hilfe der Einnahmen die SA-Uniformen zu finanzieren; SyZ 11. September 1935. Zitat über einen »Deutschen Abend« SyZ 29. Dezember 1931

Lieber Hitler als Hindenburg (S. 74–78)

1 Zum allgemeinen Hintergrund dieser Wahl s. K. D. Bracher: *Die Auflösung der Weimarer Republik*, Villingen 1964, S. 443 ff. Zitat des KPD-Redners SyZ 16. Januar 1931. Zu den einzelnen Veranstaltungen der KPD SyZ 16. Januar, 31. Mai, 25. Juli, 3. August, 10. Dezember 1931. Über die Agitation der KPD im kommuna-

len Bereich s. Bericht über die Westerländer Stadtvertretung vom 2. Dezember 1931, SyN und SyZ 4. Dezember 1931. Im März hielt die KPD im Kreis Südtondern 11 Versammlungen ab, davon 2 auf Sylt, 1 auf Föhr; LAS 301/4692. Die SPD hielt im Januar eine Versammlung ab, auf der es zu harten Auseinandersetzungen mit der KPD kam; SyZ 10. Januar 1931. Im Februar veranstalteten SPD, Gewerkschaften und Reichsbanner Schwarz-Rot-Gold einen Demonstrationszug; SyZ 19. Februar 1931. Föhr brachte im ersten Wahlgang folgendes Ergebnis: Hitler 2275, Hindenburg 752, Duesterberg 129, Thälmann 28, Winter 11; Amrum: Hitler 355, Hindenburg 177, Duesterberg 23, Thälmann und Winter erhielten auf Amrum keine Stimme

2 Zur Reichstagswahl vom 31. Juli 1932: Der Stimmenanteil des Zentrums schwankte bei den Reichstagswahlen von 1924 bis 1933 auf Sylt zwischen 4 und 22 Stimmen. Die Fremdbeeinflussung der Reichstagswahl ist bei folgenden Autoren nicht berücksichtigt: G. Stoltenberg, *aaO.*, S. 183; Peter Wulf, *aaO.*, S. 146f. und A. Milatz: *Wähler und Wahlen in der Weimarer Republik*, Bonn 1968. Zum Vergleich die Landtagswahl vom 24. April 1932; es erhielten auf Sylt: NSDAP 1853, SPD 893, KPD 319, DVP 190, DNVP 132, DStP 52, Wirtschaftspartei 17, Dänen 14 Stimmen. Eine Analyse der schleswig-holsteinischen Wahlergebnisse bei P. Wulf, *aaO.*, S. 139f.

3 Zur »Machtübernahme« s. K. D. Bracher: *Die Auflösung der Weimarer Republik*, Villingen 1964, S. 686ff. Zu den Propagandamärschen auf Sylt SyZ 31. Januar und 1. Februar 1933. Haussuchungen bei Kommunisten SyZ 10. Februar, 2. und 6. März 1933

4 Wahlkampf der NSDAP zur Reichstagswahl vom 5. März 1933 auf Sylt SyZ 13. Februar, 4. und 6. März 1933; zu den Ergebnissen im Reich s. K. D. Bracher: *Die Deutsche Diktatur*, Köln/Berlin 1969, S. 222f. Zitat zur Volksabstimmung vom 12. November 1933 ebd. S 231. Zu den Anstrengungen der NSDAP, die Sylter Opposition auszuschalten, SyZ 28. Februar, 5. April und 6. Juni 1934

»Heil Hitler!« gegen »Rot-Front!« – »Hunger! Arbeit!« (S. 79–82)

1 Zum Auftreten der KPD in der Westerländer Stadtvertretung SyN 23. Dezember 1929, 4. Dezember 1931. Nach den vorhandenen Unterlagen im Landesarchiv war der Westerländer KPD-Vertreter ein ausgesprochen aktiver Funktionär, der nicht nur auf der Insel, sondern in den Jahren 1931/32 auch auf dem Festland zahlreiche KPD-Veranstaltungen organisierte; LAS 301/4691, 4692

2 Reservierung von Platzkarten SyZ 24. Januar 1933. Bericht der Stadtvertretersitzung SyZ 7. Dezember 1932. Zur KPD SyZ 27. Dezember 1932 und SyN 28. Dezember 1932

3 NSDAP SyZ 14. September 1931. Das Zitat stammt aus dem ersten *Offenen Brief* SyZ 2. Dezember 1932. Da man von seiten der Stadtvertretung nicht reagierte, folgte der zweite *Offene Brief* SyZ 31. Januar 1933. Arbeitsverpflichtung SyZ 3. Oktober 1932. »Lebensraum« SyZ 1. und 8. Februar 1933. Stellungnahme der KPD zum Arbeitsdienst SyZ 5. Januar und 7. Februar 1932

»Dieselbe Gleichschaltung wie im Reich und Preußen« (S. 83–112)

Mit gezinkten Karten in das Rathaus und den Kreistag (S. 85–89)

1 Kommentar SyZ 13. März 1933. Zu den Kandidaten der NSDAP SyZ 20. Februar, 25. Februar und 2. März 1933. Bürgerblock in Tinnum SyZ 25. Februar, 27. Februar und 3. März 1933; außer diesem »Bürgerblock« waren noch ein KPD-Mitglied und zwei Vertreter der »Gutbürgerlichen Arbeiterschaft« (SPD) in der Gemeindevertretung. Auf der Sitzung vom 29. Juni 1933 wurde der »aus dem marxistischen Lager stammende« Gemeindevertreter aufgefordert, aus dem Gremium auszuscheiden, und an die beiden übrigen Vertreter, die noch nicht der NSDAP angehörten, wurde vom Gemeindevorsteher die Frage gerichtet, »ob sie auf dem Boden der heutigen Regierung stehen«; Protokollbuch der Gemeinde Tinnum, 29. Juni 1933
2 KPD in Morsum SyZ 4. März 1933. In einer Wahlanzeige der bürgerlichen Morsumer Listenverbindung heißt es: »Verhindert den Klassenkampf, den fremde Elemente in unsere Dorfgemeinschaft hineintragen wollen!« SyZ 10. März 1933. Keitum SyZ 25. Februar 1933. Wenningstedt SyZ 13. März 1933. »Gutbürgerliche Arbeiterschaft« SyZ 27. Februar und 3. März 1933
3 »Wirtschaftliche Vereinigung« SyZ 25. Februar 1933. Zu den Einzelheiten der Kontroverse s. Berichte und Anzeigen in der SyZ vom 21. Februar, 25. Februar, 27. Februar, 1. März, 3. März, 6. März, 7. März, 10. März, 11. März 1933. Empfehlung für die NSDAP SyZ 11. März 1933. Auch der Bauernbund, der mit keiner eigenen Liste vertreten war, beschloß auf einer Mitgliederversammlung, die NSDAP zu wählen; in einer Anzeigenkampagne wurden die Mitglieder hierüber informiert; SyZ 8. März, 10. März, 11. März 1933. Zur Reaktion der NSDAP auf die Vorgänge s. die Ausführungen des Sylter Ortsgruppenleiters auf der kommunalpolitischen Versammlung am 8. März 1933; SyZ 10. März 1933. Wahlversammlung der NSDAP SyZ 10. März 1933
4 Kommentare zu den Morsumer KPD-Stimmen SyZ 13. März und 4. November 1933

Die Arroganz des neuen Regimes (S. 90–95)

1 Erklärung der NS-Fraktion SyZ 3. April 1933. Übertritt der bürgerlichen Vertreter zur NSDAP SyZ 17. Mai 1933. Unvereinbarkeit SyZ 27. März 1933. Rücktritt der SPD-Vertreter SyZ 13. Mai 1933. Daß die Nationalsozialisten diesen Verfallsprozeß mit besonderer Freude verfolgten, ist selbstverständlich. Daß aber beide Stadtvertreter sich von der SPD distanzieren wollten, wie es der Sprecher der NSDAP darstellte, ist eine agitatorische Verdrehung; denn beide sind ihrer politischen Überzeugung während der nationalsozialistischen Gewaltherrschaft treu geblieben. Der eine mußte seine politische Haltung gegen Ende des Krieges mit dem Leben bezahlen
2 Erklärung der SPD-Fraktion SyZ 3. April 1933. Haussuchungen bei den Funktionären der SPD und des Reichsbanners Schwarz-Rot-Gold; s. Meldung der Polizei an den Landrat vom 11. Mai 1933 (in: Akten der Politischen Polizei, Sylter Archiv). Die Beschlagnahme von Mitgliederlisten und andern Unterlagen der Partei, die teilweise dem Fundbüro zur Aufbewahrung übergeben wurden, ergibt sich aus

einer Meldung des Westerländer SA-Führers an die Polizei (Vorlage der Polizei vom 28. Juni 1933), ferner Meldung der Ortspolizeibehörde an die Landeskriminalpolizeistelle Flensburg vom 4. Juli 1933 (in: Akten der Politischen Polizei, Sylter Archiv); s. auch Schreiben des Polizeipräsidenten in Flensburg an die Ortspolizeibehörde Westerland: *Beschlagnahme der Schriften der SPD* vom 10. Juli 1933. Zu den Haussuchungen s. Berichte der SyZ vom 26. und 27. Juni 1933; Enteignungen SyZ 15. Dezember 1933

3 Zum Vorgehen gegen die KPD SyZ 27. und 28. März 1933. Haussuchungen und Verhaftungen SyZ 3., 4., 6., 7., 8. und 18. April 1933; SyN 19. April 1933. Die Aktion geschah auf Anordnung des Sonderkommissars für Schleswig-Holstein; s. hierzu Vorlage der Westerländer Polizei vom 4. April 1933, worin die Einzelheiten der Verhaftungen und des Abtransports geschildert werden; »die gesamte Aktion ist mit Unterstützung der hiesigen SA durchgeführt worden«. Zu den Haussuchungen bei Mitgliedern der KPD, die »auf Anordnung des Herrn Bürgermeisters« geschahen, s. Vorlage der Westerländer Polizei vom 5. April 1933; auch hier wirkte die SA mit 8 Mann mit. Beide Berichte in den Akten der Politischen Polizei, Sylter Archiv

4 Zum Zerfall der Listenverbindungen: Tinnum, Protokollbuch der Gemeinde Tinnum vom 29. Juni 1933; List SyZ 24. Mai 1933; Wenningstedt SyZ 3. Oktober 1933; Archsum SyZ 11. August 1933

5 Zur Wahl der Gemeindevertreter: Wenningstedt, List und Kampen SyZ 1., 4., 5. und 6. April 1933; Rantum SyZ 5. April 1933 und Protokollbuch der Gemeinde Rantum/Hörnum vom 18. April 1933. Über die weiteren Umbesetzungen im Sinne der NSDAP s. Rantumer Gemeindeprotokolle vom 22. Juli und 27. Oktober 1935, für Keitum SyZ 5. und 10. April 1933

6 Westerländer Bürgermeister: Ursprüngliche Amtsverlängerung SyZ 3. Februar 1933, Stellungnahme der NSDAP SyZ 6. Februar 1933, Vertagung der Neuwahl SyZ 6. April 1933. Am 13. April wird der Bürgermeister vom Gau Schleswig-Holstein, Abt. Kommunalpolitik, »mit der Maßgabe jederzeitigen Widerrufs« bestätigt; SyZ 13. April 1933. Entlassung SyZ 2. Oktober 1933. Zu den biographischen Angaben des Nachfolgers SyZ 13. Oktober 1933. Er wurde jedoch bereits Ende 1933 auch wieder abgelöst; SyZ 30. Dezember 1933. Im Februar 1934 wurde der Nachfolger eingesetzt; SyZ 10. Februar 1934; biographische Angaben über ihn SyZ 14. Februar 1934

7 Verleihung des Ehrenbürgerrechts: Antrag der NS-Fraktion in Westerland SyZ 3. April 1933. Zustimmung: Tinnum SyZ 1. April 1933 und Protokoll der Gemeinde Tinnum vom 31. März 1933. In den andern Gemeinden: Protokoll der Gemeinde Keitum vom 31. März 1933; Protokoll der Gemeinde Rantum/Hörnum vom 3. April 1933; SyZ 1., 4. und 5. April 1933. Die Archsumer Gemeindevertretung trat erst am 11. April 1933 zu ihrer ersten Sitzung zusammen, stimmte dann aber diesem Antrag einstimmig zu; SyZ 14. April 1933. Bitte um Annahme SyZ 8. April 1933; Zustimmung SyZ 24. April und 28. August 1933. Zur Ausfertigung der Urkunden SyZ 15. September 1933

8 Hitler-Eiche SyZ 21. April 1933; Hitler-Düne SyZ 3. April 1933

9 Kreistag: Konstituierende Sitzung SyZ 19. April 19. April 1933; Ausschußbesetzung SyZ 20. April 1933. Landrat: einstweiliger Ruhestand SyZ 8. April 1933; NS-Nachfolger SyZ 8. April 1933; biographische Angaben über diesen SyZ 24. April 1933; seine Verhandlungsführung SyZ 20. April 1933

Jagd auf politische Gegner (S. 96–100)

1 SyZ 28. Juni 1933; Schreiben der Ortspolizeibehörde vom 29. Juni 1933 an den Landrat, Akten der Politischen Polizei, Sylter Archiv
2 Anonymes Schreiben vom 5. April 1933; Schreiben des SA-Führers an die Polizei Westerland vom 10. April 1933; Bericht der Westerländer Polizei vom 20. April 1933. Meldung des SA-Mannes vom 17. Februar 1933 wegen Vervielfältigung von Schriften; Bericht der Polizei vom 20. Februar 1933. Spitzel in Gastwirtschaften: Bericht der Ortspolizeibehörde an den Landrat vom 28. August 1933, Schreiben des Landrats vom 31. August 1933 (»Ist vorläufig in Schutzhaft zubelassen«); Erklärung des Entlassenen vom 12. September 1933. Ebenso wurde ein Westerländer Hausmeister in der gleichen Gastwirtschaft bespitzelt und angezeigt, Vernehmungsprotokoll vom 25. Juni 1933; Bericht der Westerländer Polizei vom 24. Juni 1933 (»Mein Vertrauensmann war im Lokal anwesend«); Zeugenaussage zu dem Vorgang vom 27. Juni 1933; Schreiben des Westerländer Bürgermeisters an den Sturmführer der SA vom 27. Juni 1933; Antwort des SA-Sturmführers vom gleichen Datum. Alle Unterlagen in den Akten der Politischen Polizei, Sylter Archiv
3 Verhaftung von Kommunisten: Aktennotiz der Ortspolizei vom 29. Juli 1933: »Die Aktion sollte in der folgenden Nacht zwischen 3 und 4 Uhr durchgeführt werden.« Auch die Ehefrau des KPD-Funktionärs machte eine Eingabe an den Westerländer Bürgermeister am 31. Juli 1933; Antwort des Bürgermeisters vom 2. August 1933: »teile ich Ihnen mit, daß Sie auf Anweisung der Aufsichtsbehörde in Schutzhaft genommen sind. Die Gründe sind diesseits nicht bekannt. Die Aushändigung des Wohnungsschlüssels an die Kinder ist nicht nötig; für die Versorgung Ihres Viehs wird durch die Kinder Sorge getragen.« Bericht über die mit Hilfe der SA durchgeführte Verhaftungsaktion vom 29. Juli 1933; Meldung der Ortspolizeibehörde an die Gefängnisverwaltung des Westerländer Amtsgerichts vom 29. Juli 1933, Meldung der Ortspolizeibehörde an den Landrat, mit der Bitte, die Häftlinge wegen Platzmangels umgehend abzutransportieren, vom 31. Juli 1933; Eingabe des Ehemannes vom 8. August 1933 und Antwort des Westerländer Bürgermeisters vom 12. August 1933. Alle Unterlagen in den Akten der Politischen Polizei, Sylter Archiv
4 Entlassung der Ehefrauen: Schreiben des Landrats an den Westerländer Bürgermeister vom 26. August 1933; Erklärung vom 26. August 1933. Überwachung des Führers der Sylter KPD: Bericht der Westerländer Polizei vom 11. Mai 1934. – In der Anfangszeit des NS-Regimes erschienen kurze Meldungen über Verhaftungen von Regime-Gegnern – teilweise mit knapper Begründung – in der SyZ, so 31. Juli 1933 (»wegen staatsfeindlicher Gesinnung«), 21. August 1933 (»wegen Äußerungen über die SA«), 2. Februar 1934 (»wegen verächtlichmachender Äußerungen über den Westerländer SA-Führer«), 20. Februar 1934 (»wegen verächtlichmachender Äußerungen über das Winterhilfswerk«), 9. März 1934 (ohne nähere Begründung). Dann hörten derartige Meldungen auf. Nur in der SyZ vom 17. September 1938 erschien noch einmal ein Artikel über ein ehemaliges Westerländer KP-Mitglied, das wegen »Hochverrats« angeklagt war, weil es »staatsfeindliche Äußerungen« gemacht haben sollte; es erfolgte jedoch Freispruch, SyZ 17. September 1938
5 Zur Zerschlagung der Gewerkschaften und des Jungdeutschen Ordens SyZ 31. August, 13. September, 5. Oktober 1933

Die totale Gleichschaltung (S. 101–103)

1 Gleichschaltung des Wirtevereins SyZ 27. April 1933. Ähnlich verläuft die Entwicklung in Wyk auf Föhr; die erste reibungslose Gleichschaltung auch in Wyk erfolgte im Wirteverein SyZ 5. Mai 1933. Nach den Meldungen der SyZ wurden ferner folgende Vereinigungen gleichgeschaltet: Sylter Guttempler Loge (SyZ 5. Mai 1933), Sylter Lehrerverein (SyZ 8. Mai 1933), Sylter Malerinnung (SyZ 8. Mai 1933), Gastwireverein im Amte Sylt (SyZ 9. Mai 1933), Sylter Schlachterinnung (SyZ 11. Mai 1933), Sylter Handwerker (SyZ 12. Mai 1933), TSV Westerland (SyZ 22. Mai 1933), Keitumer Ringreiterverein (SyZ 30. Mai 1933), Marinekameradschaft Sylt (SyZ 17. Juni 1933), Morsumer Ringreiterverein (SyZ 26. Juni 1933), Turn- und Spielverein Keitum (SyZ 4. Juli 1933), Vaterländischer Frauenverein vom Roten Kreuz (SyZ 11., 30. und 31. August 1933), Verein der Krieger- und Kampfgenossen (SyZ 8. September 1933), Westerländer Musikverein (SyZ 18. Oktober 1933), Kleingartenverein (SyZ 9. Dezember 1933), Freiwilliges Rettungscorps (SyZ 8. Januar 1934; »als Zeichen der Verbundenheit wurde an die Vereinsfahne ein Hakenkreuzwimpel angebracht«). Zum Geflügelzüchterverein SyZ 22. September und 18. Oktober 1933

2 Zur Söl'ring Foriining s. Protokollbuch vom 20. Juli 1933 und 16. Oktober 1933; die »Gleichschaltung« wird am 21. Januar 1934 von der Generalversammlung einstimmig gebilligt; Protokollbuch vom 21. Januar 1934 und SyZ 1934. Zum Nordfriesischen Verein s. SyZ 24. Mai, 30. Mai, 13. September 1933, 6. Februar 1935. Zur »Gleichschaltung« der evangelischen Jugend SyZ 2. und 3. Mai 1934. NS-Frauenschaft in Morsum SyZ 5. und 17. Oktober 1933. In Tinnum, Keitum und Archsum wurden im Oktober 1933 Ortsgruppen der NS-Frauenschaft gegründet; SyZ 27. Oktober, 31. Oktober, 1. November 1933. Die Norddörfer und Rantum folgten im November; SyZ 23. November und 1. Dezember 1933. Im Dezember 1933 hatte die NS-Frauenschaft auf Sylt 45 Mitglieder; SyZ 7. Dezember 1933

3 Reichsverband des deutschen Gaststätten- und Fremdenverkehrsgewerbes SyZ 2. Oktober, 16. November, 6. und 7. Dezember 1933, 3. Januar, 28. März, 7. Dezember 1934. Deutsche Arbeitsfront SyZ 8. September 1933, 9. Januar 1934. Reichsluftschutzbund SyZ 26. September, 2., 5., 14., 20., und 23. Oktober 1933. Kriegsopfer SyZ 15. August 1933. NS-Kraftfahrerkorps SyZ 18. September 1933. Luftsportverband SyZ 16. September 1933. Weitere berufsständische Organisationen: Reichsbund der deutschen Beamten SyZ 2. Februar 1934; Verband der deutschen Büro- und Behördenangestellten SyZ 5. Februar 1934. Ortsgruppe der Radfahrer SyZ 3. Mai 1934

4 Einzelheiten zur Geschichte der Loge »Frisia zur Nordwacht« s. bei Reinhold Winter: *Die Geschichte der Freimaurerei auf der Insel Sylt und die Geschichte der St. Johannis-Loge »Frisia zur Nordwacht« in Westerland*, Westerland 1967, S. 57 ff., maschinengeschriebenes Ms. im Sylter Archiv. Am 15. September 1933 bat die Loge, »eine Sitzung zwecks Regelung der finanziellen und wirtschaftlichen Verhältnisse« abhalten zu dürfen. Die Genehmigung der Ortspolizeibehörde erfolgte «unter der Bedingung, daß die Versammlung nicht hinter verschlossenen Türen abgehalten wird und daß politische Verhältnisse nicht berührt werden; die polizeiliche Überwachung wird vorbehalten«; Schreiben an die Loge vom 21. September 1933; Akten der Politischen Polizei im Sylter Archiv

5 Zur Ablösung des Westerländer Strandvogts s. Harald Voigt: *Die Ausübung des Strandrechts auf Sylt 1918–1939 als Spiegelbild der wirtschaftlichen Verhältnisse.* In: Nordfriesisches Jahrbuch, NF Bd. 11 (1975), S. 65 ff.

Im »Sinne des neuen Gemeinschaftsgeists« (S. 104–106)

1 Biikebrennen in der Kaiserzeit, Sylter Intelligenz-Blatt 25. Februar 1905; dazu Harald Voigt: *Biikebrennen und Petritag, ein Volksbrauch im Spiegel der Zeiten,* und die dort zitierten Quellen. In: Nordfriesland, 35/36 (Februar 1976), S. 133 ff.
2 SA-Ringreiterkorps SyZ 17. Juli 1933; zur Existenz der alten Korps SyZ 29. August 1933, 2. Mai 1934, 17. Juni 1935. Zum Werben der NS um Mitglieder SyZ 7. Oktober 1933. Zum Ringreiten allgemein s. Viggo Petersen: *Ringridningen i Åbenrå gennem tiderne,* Åbenrå 1971
3 Einen guten Überblick über den Friesisch-Unterricht an den Schulen der Insel Sylt gibt die Arbeit von Uwe Thies Clemenz: *Söl'ring an Sylter Schulen (1909–1950),* Studien und Materialien Nr. 2, hg. vom Nordfriisk Instituut, Bredstedt 1970; zur Frage des Friesisch-Unterrichts in der NS-Zeit s. darin S. 44 f.

»Juden unerwünscht« (S. 107–108)

1 Zum Ausbleiben jüdischer Gäste SyZ 10. Januar 1934. Wahl von Röm (Rømø) als Ersatz SyZ 5. September 1935. Anbringen der Schilder SyZ 6. Juni 1936. Kontakt mit einem christlichen Mädchen SyZ 14. August 1933
2 Zur Anordnung des Westerländer Bürgermeisters SyZ 10. März 1934. Rede des Ortsgruppenleiters SyZ 19. August 1935. Aufenthaltsverbote der andern Kurorte SyZ 16. August 1938. Vorfall in Braderup SyZ 22. Juli 1935, Volkszählung 1933 SyZ 8. Oktober 1934. Boykott der jüdischen Geschäfte SyZ 30. Juli 1938
3 Zur »Reichskristallnacht« auf Sylt SyZ 12. November 1938. Auch in Wyk auf Föhr kam es zu derartigen »spontanen« Aktionen, aber im Gegensatz zu Sylt gab es dort keine Ausschreitungen, sondern man beschlagnahmte im »Namen der Volksgemeinschaft« zwei in jüdischem Besitz befindliche Häuser und stellte sie NS-Organisationen zur Verfügung; SyZ 12. und 17. November 1938. Zum jüdischen Eigentum auf Sylt SyZ 14. November 1938, 1. Februar und 13. Mai 1939
4 Rede des Ortsgruppenleiters zitiert nach Fritz Rossberg: *Ortschronik von Westerland,* maschinengeschriebenes Ms. im Sylter Archiv, S. 94. Nordfriesland als »Idealbild vom Nordland« aus einer Ansprache des Kreisleiters Pastor Peperkorn zum Friesentag im September 1937, SyZ 18. September 1937

Ehrensylter Göring (S. 109–112)

1 Beschluß über den Freiwilligen Arbeitsdienst SyZ 6. April 1933; da sich auch die SPD-Vertreter jetzt dafür aussprachen, erfolgte der Beschluß einstimmig. Zur Wirtschaftslage: Da die Zeitungen keine Zahlen mehr über die Arbeitslosen veröffentlichten, weil sie für das neue Regime ungünstig waren, sind wir auf indirekte Angaben angewiesen. So wird einmal darauf hingewiesen, daß die Verhältnisse auf Sylt im Vergleich zum übrigen Kreis Südtondern bedeutend ungünstiger seien; SyZ 23. August 1933. Für Föhr liegen ähnlich unpräzise Angaben vor; es wird berichtet, die Zahl der Erwerbslosen sei dort »verhältnismäßig hoch«; SyZ 15. Dezember

1934. Kommunale Aufträge SyZ 4. Mai 1933. Rückgang der Gästezahlen SyZ 10. Januar 1934. Auf eine größere Zahl von Arbeitslosen läßt der Bericht der SyZ vom 25. Januar 1934 schließen. Zur weitern Entwicklung der Gästezahlen SyZ 5. Oktober 1934 und SyN 17. April 1937. – KdF: im Sommer 1937 wurde der erste KdF-Transport nach Westerland beordert, SyZ 18. Juni 1937; die Föhrer waren schon früher berücksichtigt worden, SyZ 17. Mai 1935

2 Zur Besserung der wirtschaftlichen Lage ab 1935 SyZ 27. September 1935. Die Befürchtungen der Bevölkerung, die umfangreiche militärische Bautätigkeit könnte den Fremdenverkehr beeinträchtigen, versuchte der Westerländer Ortsgruppenleiter zu zerstreuen; SyN 17. April 1937. Über die Einzelheiten der militärischen Baumaßnahmen liegen aus der Zeit wenig Veröffentlichungen vor. Nur die SyN veröffentlichten im März 1938 eine Meldung über das Richtfest des Luftwaffenlazaretts (heute: Nordsee-Klinik) in Westerland, um im Sinne des Vierjahresplans die sparsame Bauausführung hervorzuheben

3 Zum Nösse-Deich SyZ 23. und 31. Oktober 1933, 21. März und 27. Juni 1934, 23. Mai 1935. Sommerdeich in Norderinge SyZ 14. Dezember 1933. Damm zwischen Föhr und dem Festland SyZ 31. Oktober 1933; im Frühjahr 1934 sollte mit dem Bau begonnen werden. Zu entsprechenden Plänen für Amrum s. SyZ 4. Januar und 3. Februar 1934

4 Zur Rolle von Hermann Göring: Kampener Hochheide SyZ 22. Januar 1934; Ehrenbürger von Kampen SyZ 2. August 1933; Überbringung des Ehrenbürgerbriefs durch den Gemeindevorsteher von Kampen nach Berlin SyZ 27. Januar 1934; Görings Großprojekte SyZ 2. August 1933 und 25. Januar 1934; Munkmarscher Legatsbrücke SyZ 15. April 1934. Zur Geschichte der Legatsbrücke SyZ 31. Oktober 1934

5 Harald Voigt: *Die Ausübung des Strandrechts auf Sylt*, aaO., S. 66 ff.

NS-Diktatur und friesisches Freiheitsbewußtsein (S. 113–118)

1 Christian Peter Hansen: *Die Insel Sylt in geschichtlicher und statistischer Hinsicht*, Hamburg 1845, S. 612 f.
2 *Heimatbrief* Nr. 8/ 1943, hg. von der NSDAP Ortsgruppe Westerland, im Sylter Archiv

Karten

Die Zonen der Volksabstimmung von 1920

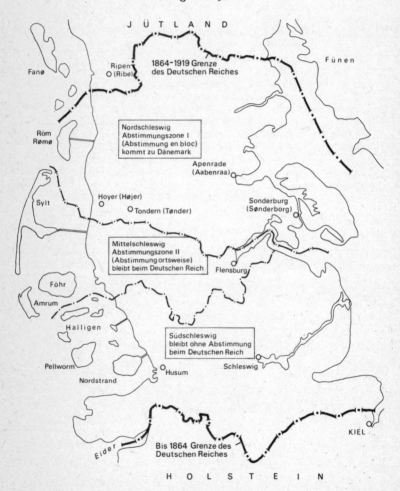

Die Wahlbezirke der Insel Sylt

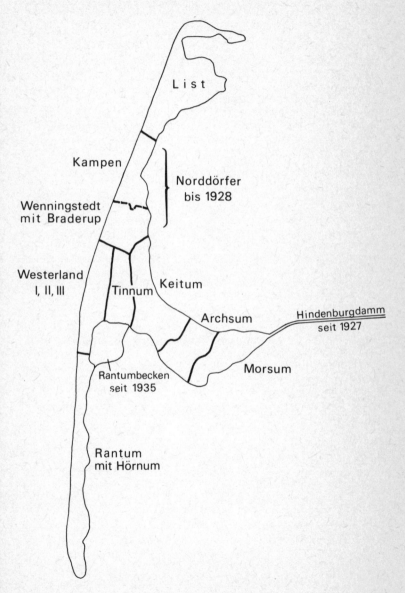

Zeittafeln

Synoptische Übersicht über die wichtigsten Ereignisse im Reich und auf Sylt 1918 bis 1933

	Deutsches Reich	Sylt
1918	28. Oktober: Einführung der parlamentarischen Regierungsform durch Verfassungsänderung 3. bis 9. November: Bildung von Arbeiter- und Soldatenräten, Revolution 9. November: Kaiser Wilhelm II. dankt ab; Ausrufung der Republik 11. November: Unterzeichnung des Waffenstillstandes	Arbeiter- und Soldatenräte übernehmen gewaltlos die Macht
1919	19. Januar: Wahl zur Nationalversammlung Januar bis Mai: Niederschlagung der Revolution in verschiedenen Teilen des Reichsgebiets 6. Februar: Friedrich Ebert (SPD) zum Reichspräsidenten gewählt	2. März: Kommunalwahl; in Westerland erreicht die SPD die absolute Mehrheit 1. Juni: Nach fünfjähriger Unterbrechung Wiedereröffnung der Saison für den Fremdenverkehr; schwierige Verkehrsverbindungen durch das dänische Nord-Schleswig
1920	10. Januar: Ratifizierung des Versailler Vertrags 13. bis 17. März: Kapp-Kutsch 6. Juni: Reichstagswahl: SPD stärkste Partei, gefolgt von KPD, DNVP, DVP, Zentrum und DDP	14. März: Abstimmung in Mittel-Schleswig, das beim Deutschen Reich bleibt Beginn der Arbeiten am Hindenburgdamm Die Reichstagswahl wird in Schleswig erst im Februar 1921 durchgeführt (auch auf Sylt SPD stärkste Partei)
1921	Festsetzung der deutschen Reparationen auf 132 Milliarden Goldmark	Verschlechterung der wirtschaftlichen Lage auf der Insel
1922	16. April: Deutsch-russischer Vertrag von Rapallo 24. Juni: Rathenau ermordet	
1923	11. Januar: Besetzung des Ruhrgebiets durch die Franzosen 8./9. November: Hitler-Putsch in München 15. November: Einführung der Rentenmark; vorläufiges Ende der Inflation	Vorzeitiger Abbruch der Sylter Saison

1924	9. April: Dawes-Plan	
	4. Mai: Reichstagswahl; Verluste von DVP, DDP, SPD und KPD; Gewinne von NSDAP, DNVP	In der Reichstagswahl Verluste der SPD (sie bleibt aber stärkste Partei auf Sylt), Gewinne der DNVP; Beeinflussung der Wahl durch Kurgäste und Saisonpersonal
	7. Dezember: Reichstagswahl; wieder Gewinne der SPD, aber auch der NDVP	In der Reichstagswahl SPD weiterhin stärkste Partei, gefolgt von DNVP und DVP
1925	26. April: Wahl Hindenburgs zum Reichspräsidenten (im zweiten Wahlgang)	Hindenburg erhält auf Sylt im zweiten Wahlgang die absolute Mehrheit der Stimmen; Zunahme der KPD
	16. Oktober: Vertrag von Locarno	
1926	Aufnahme Deutschlands in den Völkerbund	Keine wesentliche Besserung der wirtschaftlichen Lage
1927		1. Juni: Einweihung des Damms durch den Reichspräsidenten
1928	20. Mai: Reichstagswahl: Große Koalition unter Hermann Müller (SPD)	In der Reichstagswahl SPD stärkste Partei; weitere Gewinne der KPD
1929	25. Oktober: Zusammenbruch der New Yorker Börse; Weltwirtschaftskrise	Weitere Verschlechterung der Wirtschaftslage
1930	Endgültige Regelung der Reparationsfrage; Young-Plan	
	Erstes Präsidialkabinett unter Brüning	
	14. September: Reichstagswahl; NSDAP wird zweitstärkste Partei im Reich	NSDAP wird stärkste Partei
1932	10. April: Wiederwahl Hindenburgs zum Reichspräsidenten (im zweiten Wahlgang)	Bei der Reichspräsidentenwahl erhält auf Sylt Hitler in beiden Wahlgängen die meisten Stimmen
	31. Juli: Reichstagswahl; Regierungsbildung ohne radikale Parteien nicht mehr möglich	Reichstagswahl wegen Fremdbeeinflussung durch Kurgäste und Saisonpersonal nicht interpretierbar
	8. Juli: Konferenz von Lausanne; Ende der Reparationen	Starke Aktivitäten von NSDAP und KPD
	2. Dezember: Präsidialkabinett unter Schleicher	
1933	30. Januar: Hindenburg beruft Hitler zum Reichskanzler	
	28. Februar: Aufhebung der demokratischen Grundrechte	NSDAP in den kommunalen Vertretungen
	14. Juli: Gesetz gegen die Neubildung von Parteien	Verbot aller übrigen Parteien

Schicksal eines Grenzlandes, gespiegelt in Flaggen und Hymnen

	Flaggen	Hymnen
bis 1864	Danebrog (durchgehendes weißes Kreuz auf Rot) Schleswig und Holstein sind dänische Herzogtümer, wobei Holstein gleichzeitig zum Deutschen Reich/Deutschen Bund gehört	
1844	Die blau-weiß-rote Flagge von Schleswig-Holstein wird auf dem Sängerfest in Schleswig aus der Taufe gehoben; sie wird von Dänemark halbherzig zeitweise geduldet	Gleichzeitig wird die Schleswig-Holstein-Hymne vorgestellt (»Schleswig-Holstein meerumschlungen«)
1867	Schwarz-weiße Flagge Preußens (nach drei Jahren preußisch-österreichischem Kondominium)	
1871	Schwarz-weiß-rote Reichsflagge	Kaiserhymne »Heil Dir im Siegeskranz« (Melodie »God save the King«)
1918	Schwarz-Rot-Gold wird zur Flagge der Republik; Schwarz-Weiß-Rot bleibt jedoch Handelsflagge	Die Kaiserhymne bleibt zunächst Nationalhymne, wird jedoch meistens durch andere patriotische Lieder ersetzt
1922		Das Deutschlandlied (»Deutschland, Deutschland über alles«), Text von 1841, Melodie nach der österreichischen Kaiserhymne, wird zur deutschen Nationalhymne erklärt
1926	Hindenburg verlangt, daß bei allen Auslandsvertretungen des Deutschen Reiches neben der schwarz-rot-goldenen Reichsflagge auch die schwarz-weiß-rote Handelsflagge aufgezogen wird; die Flaggenfrage wird zur Parteienfrage: SPD-Reichsbanner Schwarz-Rot-Gold, rechtsbürgerliche Kampffront Schwarz-Weiß-Rot	Auf Sylt wird zu dieser Zeit Mozarts Freimaurerlied bevorzugt: »Brüder reicht die Hand zum Bunde!« Daneben die Schleswig-Holstein-Hymne
1933	Das NS-Regime erklärt die Hakenkreuz-Fahne zur Nationalflagge, duldet aber daneben noch für kurze Zeit die schwarz-weiß-rote Handelsflagge	Das NS-Regime erklärt die Verbindung von Deutschland-Lied und Horst-Wessel-Lied als obligatorisch

	Flaggen	Hymnen
1945	Die Alliierten verbieten Hakenkreuz-Fahne und schwarz-weiß-rote Flagge In der britischen Zone wird der Union-Jack aufgezogen	Sie verbieten auch Deutschlandlied und Horst-Wessel-Lied Die Besatzer singen »God save the King (the Queen)«: die gleiche Melodie wie »Heil Dir im Siegeskranz«
1948	Schwarz-Rot-Gold wird als deutsche Nationalflagge (wieder) bestimmt	
1952		Die dritte Strophe des Deutschlandliedes (»Einigkeit und Recht und Freiheit«) wird nun Nationalhymne der Bundesrepublik
	Daneben werden häufiger: die blau-weiß-rote Flagge von Schleswig-Holstein; die gold-rot-blaue Flagge von Nordfriesland	Das Schleswig-Holstein-Lied hat alle Wechsel überstanden

Bevölkerungsstatistik

Nach den amtlichen Unterlagen des Statistischen Landesamtes Schleswig-Holstein (Die Bevölkerung der Gemeinden in Schleswig-Holstein 1867–1970, Historisches Gesamtverzeichnis, hg. vom Statistischen Landesamt Schleswig-Holstein, Kiel 1972, S. 94 ff.) ergeben sich folgende Einwohnerzahlen:

Ort	1925	1933
Westerland	3642	3992
List	259	449
Kampen	176	371
Wenningstedt mit Braderup	485	605
Keitum	752	826
Archsum	157	129
Tinnum	477	509
Morsum	763	511
Rantum mit Hörnum	108	129
Insel Sylt	6819	7521

Wähler im Jahr 1933

Reichstagswahl 5. März 1933	3558
Kommunalwahl 12. März 1933	2676
Kreistagswahl 12. März 1933	3357
Plebiszit vom 12. November 1933	4333

Arbeitslose 1928–1934 auf Sylt

Die Zahlen beruhen auf den Angaben des Arbeitsamtes Flensburg, die unter dem jeweiligen Datum in der Sylter Zeitung veröffentlicht wurden

Datum	Arbeitslose	Datum	Arbeitslose
23. Oktober 1928	168	7. Mai 1931	230
30. Oktober 1928	183	9. Juni 1931	151
13. November 1928	196	13. Juli 1931	124
26. Februar 1929	443	10. August 1931	146
24. August 1929	75	12. September 1931	194
19. Oktober 1929	137	7. Oktober 1931	317
11. November 1929	193	7. November 1931	435
25. November 1929	196	12. Dezember 1931	541
20. Januar 1930	327	14. Januar 1932	541
30. Januar 1930	340	11. März 1932	519
8. Februar 1930	327	13. April 1932	427
20. Februar 1930	352	17. Mai 1932	336
25. Februar 1930	343	17. Juni 1932	327
8. März 1930	329	19. Juli 1932	270
22. April 1930	141	5. August 1932	220
6. Juni 1930	91	8. September 1932	222
21. Juni 1930	79	12. Oktober 1932	286
8. August 1930	102	8. November 1932	363
9. Oktober 1930	136	9. Dezember 1932	394
23. Oktober 1930	159	6. Januar 1933	411
8. November 1930	290	9. Februar 1933	448
22. Dezember 1930	392	1. März 1933	445
8. Januar 1931	449	15. April 1933	345
17. Februar 1931	435	1. Juli 1933	177
9. März 1931	436	18. September 1933	148
		15. März 1934	183

Die Parteien der Weimarer Republik

Die Zusammenstellung ist notwendigerweise vereinfachend und kann nicht alle Namenwechsel berücksichtigen, ebensowenig alle Profilveränderungen einzelner Gruppierungen zwischen 1919 und 1933. Die bayerische BVP und das katholische Zentrum traten auf Sylt nicht in Erscheinung. Gruppierungen von nur lokaler oder regionaler Bedeutung sind hier weggelassen. »Republikanisch« und »antirepublikanisch« bezieht sich konkret auf die Weimarer Republik.

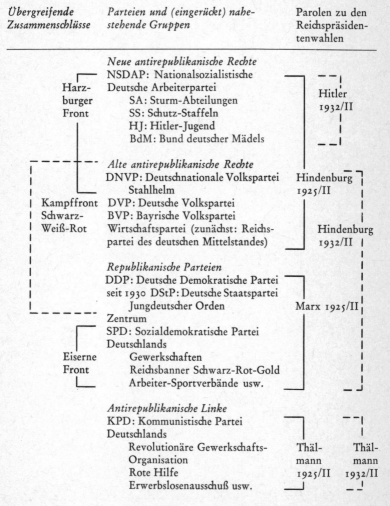

Übergreifende Zusammenschlüsse	Parteien und (eingerückt) nahestehende Gruppen	Parolen zu den Reichspräsidentenwahlen	
	Neue antirepublikanische Rechte		
Harzburger Front	NSDAP: Nationalsozialistische Deutsche Arbeiterpartei	Hitler 1932/II	
	SA: Sturm-Abteilungen		
	SS: Schutz-Staffeln		
	HJ: Hitler-Jugend		
	BdM: Bund deutscher Mädels		
	Alte antirepublikanische Rechte		
	DNVP: Deutschnationale Volkspartei Stahlhelm	Hindenburg 1925/II	
Kampffront Schwarz-Weiß-Rot	DVP: Deutsche Volkspartei		
	BVP: Bayrische Volkspartei		
	Wirtschaftspartei (zunächst: Reichspartei des deutschen Mittelstandes)	Hindenburg 1932/II	
	Republikanische Parteien		
	DDP: Deutsche Demokratische Partei seit 1930 DStP: Deutsche Staatspartei Jungdeutscher Orden	Marx 1925/II	
	Zentrum		
Eiserne Front	SPD: Sozialdemokratische Partei Deutschlands		
	Gewerkschaften		
	Reichsbanner Schwarz-Rot-Gold		
	Arbeiter-Sportverbände usw.		
	Antirepublikanische Linke		
	KPD: Kommunistische Partei Deutschlands	Thälmann 1925/II	Thälmann 1932/II
	Revolutionäre Gewerkschafts-Organisation		
	Rote Hilfe		
	Erwerbslosenausschuß usw.		

Reichspräsidentenwahlen

Die Wahl von 1925

Wahlbezirk	Erster Wahlgang 29. März 1925							Zweiter Wahlgang 26. April 1925		
	Ludendorff, NSDAP	Jarres, DNVP/DVP	Held, BVP	Hellpach, DDP	Marx, Zentrum	Braun, SPD	Thälmann, KPD	Hindenburg, NSDAP/DNVP/DVP/BVP	Marx, Zentrum/DDP/SPD	Thälmann, KPD
Westerland I	4	362	4	30	6	162	15	478	231	14
Westerland II	5	179	5	31	5	369	13	226	456	22
List	1	67		1	5	33	2	98	49	
Norddörfer (Wenningstedt/Kampen)	3	105	1	21	2	63	4	136	95	7
Keitum	2	187	1	25	5	72	9	217	141	13
Archsum	2	43		2		6		65	6	5
Tinnum	1	51	2	19		51		80	81	4
Morsum	1	115		6	3	45	44	149	84	64
Rantum mit Hörnum		19		2		14		17	26	
Insel Sylt	19	1128	13	137	26	815	87	1466	1169	129
Wähler insgesamt							2225			2764
Absolute Mehrheit							1113			1383

Die Wahl von 1932

Wahlbezirk	Erster Wahlgang 13. März 1932					Zweiter Wahlgang 10. April 1932		
	Hitler, NSDAP	Duesterberg, DNVP	Hindenburg, DVP/BVP/ DStP/Zentrum/SPD	Thälmann, KPD	Winter, Inflationsopfer	Hitler, NSDAP	Hindenburg DNVP/DVP/BVP/ DStP/Zentrum/SPD	Thälmann, KPD
Westerland I	251	24	128	27	1	279	141	14
Westerland II	298	15	328	39		303	344	29
Westerland III	167	13	435	170	5	195	467	98
List	100	8	77	8		94	116	2
Kampen	64	11	58	6		86	64	3
Wenningstedt	134	1	87	18		155	96	6
Keitum	185	7	170	20		211	190	12
Archsum	61	1	9	4		60	11	5
Tinnum	119	4	58	70		184	70	45
Morsum	205	5	54	15		200	54	16
Rantum mit Hörnum	14	3	26	11	2	31	40	5
Insel Sylt	1598	92	1430	388	8	1798	1593	235
Wähler insgesamt					3516			3626
Absolute Mehrheit					1759			1814

Reichstagswahlen

Die folgenden Tabellen zeigen die Entwicklung der Parteistärken in den Sylter Wahlbezirken. Die Wahl vom Januar 1919 ist die Wahl zur Nationalversammlung. Die Reichstagswahl, die in Schleswig wegen der vorangehenden Volksbefragungen erst im Februar 1921 durchgeführt wurde, fand im übrigen Reichsgebiet bereits im Juni 1920 statt.

Die beiden Maiwahlen von 1924 und 1928 zeigen leichte Verfälschungen durch Stimmen von Saisonpersonal und Kurgästen. Völlig durch solche Fremdbeeinflussung geprägt ist die Juliwahl 1932: auf dem Höhepunkt der Sommersaison. Deshalb werden dort nicht Einzelresultate aufgeführt, sondern nur (in Klammern) das Resultat für die Stadt Westerland und das Gesamtresultat; schon die Höhe der Zahlen macht klar, daß sich aus diesen Resultaten keine Schlüsse auf das politische Verhalten der Sylter Bevölkerung ziehen lassen.

NSDAP: Nationalsozialistische Deutsche Arbeiterpartei

Wahlbezirk	Jan. 1919	Feb. 1921	Mai 1924	Dez. 1924	Mai 1928	Sept. 1930	Juli 1932	Nov. 1932	März 1933
Westerland I			77	16	15	256		287	314
Westerland II						242	(2290)	317	359
Westerland III			74	15	6	120		185	294
List			16	13	6	90		94	130
Kampen						41		58	79
Wenningstedt			9	2	1	152		146	177
Keitum			17	5	7	70		187	294
Archsum			1	3	2	24		49	63
Tinnum			12	3	2	48		117	157
Morsum				6		20		171	223
Rantum mit Hörnum			4		5	41		25	20
Insel Sylt			210	63	44	1104	(4203)	1636	2110

DNVP: Deutschnationale Volkspartei

Wahlbezirk	Jan. 1919	Feb. 1921	Mai 1924	Dez. 1924	Mai 1928	Sept. 1930	Juli 1932	Nov. 1932	März 1933
Westerland I		112	238	274	186				
Westerland II	72					174		53	59
Westerland III		47	81	93	54	140	(961)	47	61
List		33	45	29	49	39		34	48
Kampen	41					26		26	13
Wenningstedt		24	27	58	79	45		23	27
Keitum		22	69	78	34	44		17	21
Archsum	16	20	30	42	33	24		36	38
Tinnum		14	37	53	14	2		2	5
Morsum	5	26	57	68	54	12		1	6
Rantum mit Hörnum	12	16	15	17	20	19 25		5 12	9 10
Insel Sylt	146	314	599	712	523	550	(1530)	256	297

DVP: Deutsche Volkspartei

Wahlbezirk	Jan. 1919	Feb. 1921	Mai 1924	Dez. 1924	Mai 1928	Sept. 1930	Juli 1932	Nov. 1932	März 1933
Westerland I		209	108	129	106	165		22	15
Westerland II	15					144	(200)	34	27
Westerland III		195	91	102	67	63		32	22
List		13	11	23	30	18		4	2
Kampen		41	84	81	54	83		8	7
Wenningstedt						43		11	4
Keitum		131	126	122	62	50		38	42
Archsum	1	1	8	14	6	4		3	2
Tinnum		18	23	39	20	18		4	1
Morsum		12	68	63	36	28		11	2
Rantum mit Hörnum				5	16	20		1	
Insel Sylt	16	620	519	578	397	636	(374)	168	124

Wirtschaftspartei
(zuerst Reichspartei des deutschen Mittelstandes)

Wahlbezirk	Jan. 1919	Feb. 1921	Mai 1924	Dez. 1924	Mai 1928	Sept. 1930	Juli 1932	Nov. 1932	März 1933
Westerland I				2	134	73	6		
Westerland II						38	2		
Westerland III					68	26			
List					3	6			
Kampen						22	1		
Wenningstedt					47	30	1		
Keitum				1	37	15	2		
Archsum					6	3			
Tinnum				1	16	9			
Morsum					5	7			
Rantum mit Hörnum					2	2			
Insel Sylt				4	318	231	12		

DDP: Deutsche Demokratische Partei
ab 1930 DStP: Deutsche Staatspartei

Wahlbezirk	Jan. 1919	Feb. 1921	Mai 1924	Dez. 1924	Mai 1928	Sept. 1930	Juli 1932	Nov. 1932	März 1933
Westerland I		19	45	27	18	111		1	6
Westerland II	576	20	42	34	19	119	(169)	6	5
Westerland III						93		1	5
List				1	7	15		1	
Kampen	188					43			4
Wenningstedt			13	24	9	42			1
Keitum	398	4	59	39	5	68		9	6
Archsum					4	3			
Tinnum		15	16	14	5	25		2	
Morsum	100	12	4	4	6	9			1
Rantum mit Hörnum	34	8	3	4	3	7			
Insel Sylt	1296	78	182	147	88	535	(33)	20	28

Schleswig-Holsteinische Landespartei

Wahlbezirk	Jan. 1919	Feb. 1921	Mai 1924	Dez. 1924	Mai 1928	Sept. 1930	Juli 1932	Nov. 1932	März 1933
Westerland I		23	1						
Westerland II									
Westerland III		41	3						
List		3							
Kampen		51							
Wenningstedt									
Keitum		90	13						
Archsum	18	40	2						
Tinnum		33	2						
Morsum	37	85	1						
Rantum mit Hörnum		1							
Insel Sylt	55	367	22						

Dänische Gruppierung

Wahlbezirk	Jan. 1919	Feb. 1921	Mai 1924	Dez. 1924	Mai 1928	Sept. 1930	Juli 1932	Nov. 1932	März 1933
Westerland I		17	7	6	1	2			
Westerland II									
Westerland III		15	25	16	2	7			
List					1			1	
Kampen						1		1	1
Wenningstedt		3	2	7	2	3	1		
Keitum		12	9	7	2	1	1		
Archsum		1							
Tinnum			5			1			
Morsum		2	21	8	10	11	5		
Rantum mit Hörnum			1						
Insel Sylt		50	70	44	18	26	7	2	1

SPD: Sozialdemokratische Partei Deutschlands

Wahlbezirk	Jan. 1919	Feb. 1921	Mai 1924	Dez. 1924	Mai 1928	Sept. 1930	Juli 1932	Nov. 1932	März 1933
Westerland I		172	115	133	168	101		40	40
Westerland II	657	404	316	347	358	249	(997)	193	186
Westerland III						307		274	313
List			25	29	31	44	56	41	23
Kampen	214	83	47	56	72	39		29	15
Wenningstedt						30		32	31
Keitum	159	75	84	85	58	57		50	31
Archsum		1	1	1	7	5		7	3
Tinnum	40	80	38	44	48	44		26	37
Morsum		23	13	23	22	20		28	21
Rantum mit Hörnum	19	6	8	10	24	23		13	9
Insel Sylt	1089	869	651	730	801	931	(1582)	733	709

KPD: Kommunistische Partei Deutschlands

Wahlbezirk	Jan. 1919	Feb. 1921	Mai 1924	Dez. 1924	Mai 1928	Sept. 1930	Juli 1932	Nov. 1932	März 1933
Westerland I		2	14	14	44	33		46	21
Westerland II				7	16	42	(574)	52	44
Westerland III					69	134		173	159
List			4	1	10	7		11	4
Kampen						10		10	1
Wenningstedt			1	3	15	20		17	9
Keitum			5	5	13	19		22	13
Archsum				1	3	2			
Tinnum			4	2	29	53		68	64
Morsum			1	2	17	23		14	16
Rantum mit Hörnum			1		8	10		8	5
Insel Sylt		2	37	44	208	353	(762)	421	336

Wahlen im Entscheidungsjahr 1933

Nach den Reichspräsidentenwahlen 1932 und den Reichstagswahlen 1932 und 1933 gaben auf Sylt wie anderswo im Reich die Kommunal- und Kreistagswahlen vom Frühjahr 1933 Signale auf dem Weg zur »Gleichschaltung«. Das Plebiszit vom 19. November 1933 markiert den »Vollzug«.

Kommunalwahl vom 12. März 1933

In der Stadt Westerland	NSDAP	Wirtschaftliche Vereinigung	Beamtenliste	SPD	KPD
Westerland I	224	86	35	30	10
Westerland II	271	101	65	165	21
Westerland III	181	51	93	298	111
Stimmen Westerland	676	238	193	493	142
Mandate	6	2	1	5	1

In den Dörfern	Liste	Stimmen	Mandate
List	NSDAP	98	5
	Gemeindeliste	76	4
Kampen	»Nann«	44	3
	»Neutral«	28	2
	»Gemeinwohl vor Eigennutz«	60	4
Wenningstedt	»Bleeg«	135	6
(mit Braderup)	»Rinken«	87	3
	KPD-Einheitsliste	21	
Keitum	NSDAP	142	6
	Beamte und Angestellte	64	2
	Handel und Gewerbe	59	2
	Arbeiterl. »Christ.«	11	
	»Gemeinwohl« (SPD)	66	2
	Arbeiter u. Bauern (KPD)	18	
Archsum	Einheitsliste	57	6
Tinnum	Bürgerblock (NSDAP)	146	6
	»Gutbürgerliche Arbeiterschaft« (SPD)	58	2
	KPD	33	1
Morsum	»Lorentzen«	209	8
	KPD	42	1
Rantum	»Rantum«	29	4
(mit Hörnum)	»Vorwärts« (SPD)	21	2

Kreistagswahl vom 12. März 1933

	NSDAP	Kampffront Schwarz-Weiß-Rot	Friesland	SPD	KPD	Sonstige
Westerland I	264	87		34	14	2
Westerland II	334	99	1	192	28	4
Westerland III	213	87		311	126	4
Stadt Westerland	*811*	*273*	*1*	*537*	*168*	*10*
List	140	19	1	20	5	
Kampen	86	26	1	21	2	
Wenningstedt	172	28	1	35	9	3
Keitum	247	70	3	22	9	9
Archsum	50	4		3		
Tinnum	147	10	4	40	50	1
Morsum	198	28	22	13	13	
Rantum/Hörnum	22	10		10	6	
Dörfer zusammen	*1 062*	*195*	*32*	*164*	*94*	*13*
Insel Sylt	1 873	468	33	701	262	23
Kreis Südtondern	12 466	2 387	533	1 769	415	523
Kreistagsmandate	15	3	1	2		1

Plebiszit vom 19. November 1933

	NSDAP	Ungültig
Westerland I	487	25
Westerland II	720	55
Westerland III	777	154
List	331	12
Kampen	173	7
Wenningstedt/Braderup	278	15
Keitum	494	33
Archsum	87	1
Tinnum	281	4
Morsum	301	32
Rantum	47	
Hörnum	17	
Insel Sylt	3993	338

Radikalenkontrolle nach Weimarer Art

Im Sylter Archiv, Westerland, haben sich Aufzeichnungen erhalten, aus denen hervorgeht, wie die Westerländer Polizeibehörde »rechts- und linksradikal eingestellte Parteien und Organisationen« kontrollierte und darüber Mitteilung an den Regierungspräsidenten in Schleswig machte. Diese beschränkten sich auf die Zeit vom August 1931 bis zum September 1932. Sie betreffen nur die Stadt Westerland. Nachdem die NSDAP einen preußischen Prinzen als Redner gewonnen und 1000 Zuhörer angelockt hatte, wurde sie nicht mehr polizeilich kontrolliert.

Datum	*Partei oder Organisation*	*Name und Wohnort des Redners*	*Polizeilich geschätzte Besucherzahl*
1931			
1. August	KPD	Elise Augustat, MdR, Hamburg	85
21. September	NSDAP	General a. D. Litzmann und Pastor Peperkorn	550
3. Oktober	KPD	Stadtvertreter Jürgensen, Westerland	90
17. Oktober	KPD	Stadtvertreter Jürgensen, Westerland	30
31. Oktober	Internationale Arbeiterhilfe	Hentschel, Rendsburg, und Stadtvertreter Jürgensen, Westerland	45
7. November	KPD	Stadtvertreter Jürgensen, Westerland	100
21. November	Revolutionäre Gewerkschafts-Organisation	A. Oster, Hamburg	180
9. Dezember	KPD	Raible, Berlin	140
1932			
16. Januar	Tannenbergbund	Goetze, Hannover	400
17. Januar	KPD	Hoffmann, Hamburg	90
22. Januar	NSDAP	Triebel, Eckernförde	400
13. Februar	Tannenbergbund	Wolfram, Kiel	300
20. Februar	Verband der proletarischen Freidenker	Radzinitz (?), Berlin	50
3. März	KPD	Oelzner, Flensburg	80
5. März	Tannenbergbund	Clausen, Wimmersbüll	300
11. März	NSDAP	Böhmken (?), Eutin	600

Datum	Partei oder Organisation	Name und Wohnort des Redners	Polizeilich geschätzte Besucherzahl
8. April	NSDAP	Peperkorn, Viöl	480
9. April	Tannenbergbund	Hönk, Harbeck	55
11. April	Erwerbslosenausschuß (KPD)	Jürgensen, Westerland	30
15. April	Rote Hilfe	Herrmann, Hamburg	55
20. April	Erwerbslosenausschuß (KPD)	Jürgensen, Westerland	60
20. April	NSDAP	Tregner, Preetz	250
21. April	KPD	Elise Augustat, Hamburg	90
6. Mai	Tannenbergbund	Ilse Wentzel, Wohnort unbekannt	80
7. Mai	Revolutionäre Gewerkschafts-Organisation	Stadtvertreter Jürgensen, Westerland, und Herbert Zimmermann, Wandsbek	70
15. Mai	KPD	Parteisekretär Mihlke, Flensburg	70
18. Juni	KPD	Heuck, MdR, Flensburg	120
27. Juni	Antifaschistische Aktion	Sens, Flensburg	60
12. Juli	NSDAP	Meyer-Quaade, MdR, Flensburg	450
20. Juli	NSDAP	Prinz August Wilhelm (von Preußen) und Engel, MdR, Berlin	1000
29. Juli	Erwerbslosenausschuß (KPD)	A. Holländer, Hamburg	35
30. Juli	KPD	A. Holländer, Hamburg	90
11. August	KPD	Heinrich Wienecke, Hamburg	40
10. September	KPD	Ernst Wollweber, Hamburg, und Anton Sackow, Essen	100

Verlag Hansen & Hansen, Münsterdorf

Monographien zur Nordseeküste
Halbleinenbände im Format 21 × 25 cm, mit informativen wissenschaftlichen
Darstellungen und zahlreichen Bildern; jeder Band DM 28,–

I Amrum – Geschichte und Gestalt einer Insel
Mit 7 wissenschaftlichen Aufsätzen, 103 Fotos, 6 Karten und 1 Tafel
192 Seiten; ISBN 3-87980-201-7

II Sylt – Geschichte und Gestalt einer Insel
Mit 8 wissenschaftlichen Aufsätzen, 10 Fotos, 4 Karten und 3 Tafeln
232 Seiten; ISBN 3-87980-202-5

III Föhr – Geschichte und Gestalt einer Insel
Mit 8 wissenschaftlichen Aufsätzen, 84 Fotos, 6 Karten und 4 Tafeln
200 Seiten; ISBN 3-87980-203-3

Forschungen zum Nordsee-Friesischen
Erweiterte Sonderdrucke aus den »Monographien«

Nils Århammar: Die Amringer Sprache / Die Amringer Literatur
32 Seiten; DM 8,50; ISBN 3-87980-211-4

Nils Århammar: Die Syltringer Sprache / Die Syltringer Literatur
32 Seiten; DM 8,50; ISBN 3-87980-212-2

Nils Århammar: Die Sprachen der Insel Föhr
60 Seiten; DM 15,–; ISBN 3-87980-213-0

Die klassische Sammlung
Eine Veröffentlichung des Nordfriesischen Insituts

Wilhelm Jessen: Sylter Sagen
Nach Schriften des Heimatforschers Christian Peter Hansen
152 Seiten; broschiert DM 7,80; ISBN 3-87980-320-x

Das wegweisende Lehr- und Lernbuch

Klaus Kieschke: Segeln – Lehren und Lernen
Neue Wege in der Ausbildung von Kindern und Jugendlichen
116 Seiten, 16 Seiten Farbfotos; gebunden DM 14,80; ISBN 3-87980-103-7

Die farbigen kleinen Reisebegleiter
Weltpostkarten-Format, 24 bis 32 Seiten, zur Hälfte farbige Bilder (aktuelle und historische Karten, technische Darstellungen, Zeichnungen), zur Hälfte informative Kurztexte; jeder Titel DM 2,50

Sturmflut 1976
ISBN 3-87980-505-9

Nordfriesisches Halligmeer (Die Halligen, Nordstrand, Pellworm)
ISBN 3-87980-504-0

Vogelkojen in Nordfriesland
ISBN 3-87980-506-7

50 Jahre Hindenburgdamm
ISBN 3-87980-507-5

Störsperrwerk / Krückausperrwerk / Pinnausperrwerk
ISBN 3-87980-501-6

Eiderabdämmung
ISBN 3-87980-502-4

Erinnertes und Erzähltes

Clara Tiedemann: Kampener Skizzen
118 Seiten; mit 12 Zeichnungen und 1 Faksimile
Leinen DM 25,–; ISBN 3-87980-403-6

Georg Quedens: Sylt erzählt
80 Seiten; mit 5 Zeichnungen von Jeane Flieser
Broschiert DM 5,80; ISBN 3-87980-304-8

Georg Quedens: Amrum erzählt
48 Seiten; mit 5 Zeichnungen von Jeane Flieser
Broschiert DM 4,80; ISBN 3-87980-301-3

Georg Quedens: Amrumer Abenteuer
80 Seiten; broschiert DM 4,80; ISBN 3-87980-402-8

Georg Quedens: Föhr erzählt
62 Seiten; mit 5 Zeichnungen von Jeane Flieser
Broschiert DM 4,80; ISBN 3-87980-302-1

Georg Quedens: Die Halligen, Nordstrand und Pellworm erzählen
50 Seiten; mit Zeichnungen von Jeane Flieser
Broschiert DM 4,80; ISBN 3-87980-303-x

August Redell: Norderney erzählt
80 Seiten; brosch. DM 6,50; ISBN 3-87980-305-6

Sylter Beiträge
Herausgegeben in Verbindung mit der Volkshochschule Klappholttal;
elegante Broschur; 36 bis 64 Seiten; jeder Titel DM 3,80

1 Walter Jens: Antiquierte Antike?
ISBN 3-87980-801-5

2 Alfred Kantorowicz: Deutschland-Ost und Deutschland-West
ISBN 3-87980-802-3

3 Heinrich Pfleiderer: Die Heilkräfte des Meeres und des Meeresklimas
ISBN 3-87980-803-1

4 Manfred Wedemeyer: Sylter Literaturgeschichte in einer Stunde
ISBN 3-87980-804-x

5 Peter Schmidt-Eppendorf: Der Sylter Chronist Hans Kielholt
ISBN 3-87980-805-8

6 Franz Schmid: Das behinderte Kind und die Gesellschaft
ISBN 3-87980-806-6

7 Ernst Hessenauer: Leistungsgesellschaft und Daseinsgestaltung
ISBN 3-87980-807-4

Verlag Hansen & Hansen, Münsterdorf